共生社会の時代の特別支援教育

第1巻

新しい特別支援教育

インクルーシブ教育の今とこれから

編集代表 柘植雅義　編著 石橋由紀子・伊藤由美・吉利宗久

ぎょうせい

シリーズ刊行に当たって

　平成 13（2001）年から、新たな特別支援教育に向けた助走が始まり、発達障害のある子供への本格的な教育を含めた制度改正などを経て、16 年が経過して現在に至っている。この間、特別支援教育の充実発展が着実になされたが、ここに来て新たな動きが出てきた。それは、国連の障害者権利条約であり、インクルーシブ教育、合理的配慮、ユニバーサルデザインなどが明記されたことであり、それを踏まえて、日本では、障害者差別解消法が平成 28（2016）年 4 月に施行された。これにより、いよいよ共生社会（内閣府）の実現が現実的なものとなり、それに向けた特別支援教育のさらなる充実発展が急務となってきた。

　このような時期において、「共生社会の時代の特別支援教育」あるいは「インクルーシブな教育と社会の時代の特別支援教育」を展望し、関連する事項の基本的な考えや方法を整理し、先進的な取組を紹介することは、タイムリーであると考えた。

　本シリーズの企画に当たり、特別支援教育を取り巻く近年のキーワードとして、以下の 10 点に注目した。

○共生社会

○国連障害者権利条約

○合理的配慮

○ユニバーサルデザイン／インクルーシブデザイン

○インクルーシブ教育／インクルーシブ教育システムの構築

○発達障害／発達障害者支援法（改正）

○障害者差別解消法

○社会的障壁

○障害のある子とない子が共に学ぶ／「交流及び共同学習」

○エビデンス（根拠）に基づく実践と政策／十分な教育の提供

そして、以上のような状況を踏まえ、本書の基本コンセプトを、特別支援教育を漏れなく全般的に扱うのではなく、下記のような五つの視点から重点的に構成することにした。

　　○幼稚園・小学校・中学校・高等学校での指導・支援・合理的配慮

　　○知的障害のない発達障害、知的障害

　　○障害のない子供への教育

　　○幼稚園・小学校・中学校・高等学校と特別支援学校の連携

　　○障害の確かな理解啓発

　このような趣旨のもと、第1巻は、「新しい特別支援教育──インクルーシブ教育の今とこれから──」、第2巻は、「学びを保障する指導と支援──すべての子供に配慮した学習指導──」、第3巻は、「連携とコンサルテーション──多様な子供を多様な人材で支援する──」とした。そして、各分野の第一線で活躍する研究者と実践者が執筆に関わった。

　本書の読者層としては、まずは、幼稚園・小学校・中学校・高等学校の、通常学級担当、通級による指導担当、特別支援学級担当、特別支援教育コーディネーター、養護教諭、管理職などを想定した。また、特別支援学校においてセンター的機能などによる地域支援の担当者や、「交流及び共同学習」の推進担当者らを想定した。さらに、市区町村、指定都市、都道府県における特別支援教育の推進に当たる教育委員会・教育センターの指導主事などを想定した。

　最後に、「共生社会の時代の特別支援教育」が全国各地で遍く推進され、やがて、障害があるとかないとかではなく、すべての子供たちが共に学び共に学校生活を送っていける豊かな教育の実現に向けた取組の一助に、本書が少しでも貢献できれば幸いである。

シリーズ編集代表

筑波大学　**柘植雅義**

目　次

第1章　特別支援教育の新たな展開とインクルーシブ教育

1　共生社会の時代が目指すもの　2

2　国連の動向と新たな理念・アクション　4

3　ユニバーサルデザインとインクルーシブデザイン　6

4　特別支援教育の新たな展開　7

5　インクルーシブ教育に向けた指導の基本的な考えと方法　9

第2章　合理的配慮と基礎的環境整備

1　「合理的配慮」の検討の動向　12

2　学校教育における「合理的配慮」の観点と「基礎的環境整備」　16

　　（1）合理的配慮　16

　　（2）基礎的環境整備　17

第3章　これからの通常学級の取組課題（十分な教育）

1　通常の学級の現状　22

2　インクルーシブ教育システム構築に取り組むために　23

　　（1）通常の学級の担任・教科担任に期待される姿勢　23

　　（2）通常の学級の担任に期待される資質・能力　23

3 発達障害のある子供の指導と支援　24

　（1）発達障害のある子供の特性　24

　（2）発達障害のある子供への指導と支援　25

　（3）困難さへの気付きと正しい理解　26

4 発達障害のない子供にとっても分かりやすい授業　27

　（1）すべての子供にとって分かりやすい授業　27

　（2）主体的・対話的で深い学びの実施　27

5 通常の学級の担任を支える仕組み　28

第4章　これからの通級による指導の取組課題（通常学級）

1 通級による指導とは　32

2 通級担当教員に求められること　32

3 子供への指導をめぐる役割と課題　33

　（1）通級による指導における子供への指導　33

　（2）通常の学級の担任と連携した子供への支援　33

　（3）個別の指導計画、個別の教育支援計画の作成　35

　（4）保護者との連携　36

4 校内支援における役割と課題　36

　（1）特別支援教育コーディネーターとの連携　37

　（2）通常の学級への支援　37

5 高等学校における通級による指導の制度化に向けた課題　38

第5章　これからの特別支援学級の取組課題（交流及び共同学習）

1 インクルーシブ教育と特別支援学級　42

（1）特別支援学級を取り巻く状況　42

（2）「交流及び共同学習」の積極的な推進　43

2　「交流及び共同学習」の現状と課題　44

　　（1）「交流及び共同学習」の状況　44

　　（2）「交流及び共同学習」の目的・ねらいの設定　45

　　（3）「個別の指導計画」及び「個別の教育支援計画」の活用　46

3　特別支援学級担任教員における専門性の向上　47

第6章　これからの特別支援学校の取組課題（センター的機能）

1　法的位置付け　52

2　センター的機能とは　53

3　特別支援学校のセンター的機能の今後の課題　54

　　（1）地域支援活動の周知　55

　　（2）校内の教職員との協働関係　56

　　（3）他の学校・機関との連携　56

　　（4）地域の学校の力量アップ　57

第7章　これからの園長・校長の取組課題（意識改革とシステム改革）

1　意識改革　60

　　（1）園長・校長自らの研修と求める姿のイメージ化　60

　　（2）個と組織に伝えること　62

2　システム改革　63

　　（1）学校経営計画への明確な位置付け　63

　　（2）校内委員会の機能化　63

　　　　　（3）特別支援教育コーディネーター　64

　　　　　（4）個別の教育支援計画・個別の指導計画の作成と活用・管理　66

第8章　これからの教育委員会の取組課題

1　一人一人の教育的ニーズに応じた教育　70

　　　　　（1）幼稚園・小学校・中学校・高等学校　70

　　　　　（2）特別支援学校　74

2　教職員の指導力・実践力向上　75

　　　　　（1）教職員に対する合理的配慮の理解について　76

　　　　　（2）通常学級における特別支援教育ブロックリーダー活用事業　76

3　一貫した支援体制の構築　76

第9章　実　践　編

事例1　幼稚園：基本的な考えと方法
幼児を中心に置いた指導と支援：保護者とともに
札幌市立はまなす幼稚園

1　幼稚園教育の基本　80

2　幼稚園・こども園での個別支援　81

　　　　　（1）その子のよさや興味・関心に注目して　81

　　　　　（2）個に応じた支援と日常の保育の手立て　81

　　　　　（3）「みんなと一緒」を感じられるために　82

3　幼稚園・こども園などでの合理的配慮　83

　　　　　（1）幼児にとっての「社会的障壁」　83

　　　　　（2）入園準備段階からの「合理的配慮」と「合意形成」　84

　　　　（3）保護者とともに、保護者の思いに寄り添って　85

　4　小学校以降の学校生活に向けて──ささえ・つなぐ──　86

　　　　（1）家庭の就学準備を支える　86

　　　　（2）小学校との引継ぎ──園での支援をつなぐために──　87

　　　　（3）札幌市での取組──幼保小連携推進協議会・幼保小連絡会──　87

　5　共生社会の理解者の育みを目指して　88

　　　　（1）子供同士をつなぐ　89

　　　　（2）保護者同士をつなぐ　89

事例2　小学校：通常学級における基本的な考えと方法
全校で児童を育てる「高坂スタンダード」の取組
横須賀市立高坂小学校

1　「高坂スタンダード」の理念と概要　91

2　「高坂スタンダード〜学び方ガイド〜」校内標準　93

　　　　（1）教室環境の配慮　93

　　　　（2）学習指導の配慮　94

3　児童の発達段階や各学年・学級の実態に応じた取組　95

　　　　（1）教室環境の配慮　95

　　　　（2）学習指導の配慮　96

4　「高坂スタンダード〜学び方ガイド〜」全校実施までの道のり　97

5　成果と課題　99

　　　　（1）成　果　99

　　　　（2）課　題　100

6　通常学級における特別支援教育のこれから　101

事例3　小学校：通常学級における基本的な考えと方法
「違い」を認め合い、価値を「言語化」するクラスづくり
兵庫県猪名川町立猪名川小学校

1　小学校通常学級における特別支援教育　102

（1）「違い」を認め合う　102

（2）価値を「言語化」する　105

2　具体的な実践を通して　107

（1）1学期：信頼関係を築く　107

（2）2学期：対話から自己決定を繰り返す　108

（3）3学期：互いを尊重する風土を生み出す・支援のフェードアウト　109

3　課　題　110

事例4　中学校：通常学級における基本的な考えと方法
対人関係に不安を抱える生徒への個別支援を例に
宮崎大学教育学部附属中学校

1　学級担任としてできる支援の在り方とは　112

2　具体的な実践例——Aさんへの手立て——　113

（1）対象生徒について　113

（2）分　析　114

（3）支援の実際　115

（4）具体的な支援の実際①　117

（5）具体的な支援の実際②　117

3　その後のAさんの姿　118

事例5 中学校：通常学級における基本的な考えと方法

授業づくりや環境整備の工夫
岡山市立岡山中央中学校

1 **中学校・通常学級における特別支援教育の必要性** 119

2 **授業づくり** 120

（1）授業の中に生かしたい特別支援教育の視点 120

（2）本時のスケジュールを黒板で生徒と共有する 120

（3）目標＝めあてを示して授業に取り組む 122

（4）ワークシートと板書 122

（5）学習環境を整える 122

（6）グループワーク・班学習を取り入れる 124

（7）授業規律の徹底を図る 125

3 **学級担任として整えたい環境整備** 125

（1）教室環境のポイント 125

（2）廊下に機能を持たせる 127

（3）学級の環境整備の全校での取組 127

（4）座席面での配慮 128

（5）通常学級の経営に生かしたい特別支援教育の視点 129

4 **校内外の連携体制や今後の課題** 130

（1）特別支援教育コーディネーターの役割 130

（2）関係機関との連携 131

（3）学校としての体制を整えていくための今後の課題 131

事例6 高等学校：基本的な考えと方法

生徒を全人的に見つめ関わる個別支援の実際
鳥取県立米子白鳳高等学校

1 **高等学校における特別支援教育の現状と課題** 133

2 **高等学校の特性と特別支援教育** 134

（1）制度や仕組みの上での違い　134

（2）懸念される問題等　137

3　生徒との関わりの例　139

（1）障害の診断があった A さんとの関わり　139

（2）中学校時代あまり学校生活になじめなかった B さんとの
関わり　141

4　生徒との関わりにおいて大切にしていきたいこと　143

事例7　小学校：通級による指導と通常学級の指導の基本的な考えと方法
給食指導や教材・教具の工夫を中心に
栃木県鹿沼市立みなみ小学校

1　通級指導を受けている児童に対する通級指導教室での指導と通常
学級での指導　147

（1）通級指導教室を利用する流れ　147

（2）通常学級での指導　148

（3）通級指導教室での指導　148

2　通級指導教室における具体的な方法の実践例　150

（1）1年生の給食指導　150

（2）教材・教具を工夫した指導例　151

（3）パワーポイントを用いた指導例　154

3　押さえておくべき課題　155

（1）児童のやりにくさ　155

（2）通常学級との連携　156

（3）保護者との連携　156

事例8 小学校：特別支援学級・通常学級の「交流及び共同学習」の基本的な考えと方法

「双方」の児童・全教職員が共に進める取組
兵庫県加東市立滝野東小学校

1　「交流及び共同学習」の意義　157

2　知的障害のある B 児のタブレット PC を活用した理科観察の事例　158

3　書字に苦手意識の強い自閉症児 C 児の交流学級における意見文の
　　発表の事例　159

4　肢体不自由児 D 児の集団宿泊訓練参加の事例　160

5　公開授業を活用した教職員を対象とした実践研修の事例　162

事例9 中学校：特別支援学級・通常学級の「交流及び共同学習」の基本的な考えと方法

それぞれの場での学びの役割
兵庫県川西市立多田中学校

1　中学校特別支援学級における「交流及び共同学習」の基本的な考え方　166

　　（1）本校特別支援学級の概要　166

　　（2）「交流及び共同学習」の基本的な考え方　167

2　本校における取組　169

　　（1）交流学級での授業における指導・支援　169

　　（2）交流学級での学級活動における指導・支援　170

　　（3）特別支援学級での取組　172

　　（4）教師間の理解促進のために　173

　　（5）保護者との関わり　174

事例10 特別支援学校：センター的機能の基本的な考えと方法

「障害」を「特性」と捉える理解啓発の促進
筑波大学附属大塚特別支援学校

1　センター的機能の基本的考え方　176

2　筑波大学附属大塚特別支援学校におけるセンター的機能の実践例　177

3　今後の特別支援学校におけるセンター的機能　181

（1）校内の体制について　181

（2）外部機関との関係構築　182

（3）共生社会へ向けて　182

事例11　特別支援学校：意思の表明と合理的配慮の提供の基本的な考えと方法
意思決定支援を基盤とした合理的配慮の提供
千葉県立八千代特別支援学校

1　重度知的障害児への合理的配慮提供に係る意思の表明　184

（1）「Nothing About Us Without Us
　　　——私たち抜きに私たちのことを決めないで——」　184

（2）本人を補佐して行う意思の表明　185

（3）本人のニーズを捉え本人の意思を解釈・補充し、本人主
　　　体の合理的配慮の提供へ　186

2　実践紹介　188

（1）本人主体の合理的配慮の提供を目指すに当たっての葛藤　188

（2）意思の推察と本人・保護者との対話を含む意思決定支援
　　　を基盤とした合理的配慮の提供　188

3　今後に向けて思うこと　194

事例12　高等学校に併設された特別支援学校（分校）の役割とその取組
「地域で共に学び、共に生きる教育」の推進を目指して
福島県立いわき支援学校くぼた校・福島県立勿来高等学校

1　概　要　196

2　学校づくりに向けた取組　197

3　高等学校からの学びと「交流及び共同学習の推進」　197

（1）様々な場面での接点と合同による学習活動　197

（2）両校をつなぐ「共生プログラム」の実践　198

（3）「共に学ぶ」を目指した体育科「ダンス」の授業　200

4　地域からの学びと「つながる地域づくり」（10 の実践）　202

（1）社会貢献を目指すボランティア活動　202

（2）放課後活動として行ったダンスワークショップ　202

（3）震災復興を目指すエアバッグの染色活動　203

（4）進路先である特例子会社との合同研修会　203

（5）企業の協力を得て実現した産業現場作業学習
（デュアルシステム型学習）　203

（6）地域への理解を深める広報活動　204

（7）中学校特別支援学級の一日体験　204

（8）つながる支援に向けた特別支援学級担任との研修会　204

（9）地域における支援体制の整備を目指す関係機関との連携　205

（10）新しい生活の場を広げる職場開拓　205

事例13　高等学校に併設された特別支援学校の役割とその取組
併設の強みを生かす高等学校・特別支援学校の取組
兵庫県立阪神昆陽特別支援学校・兵庫県立阪神昆陽高等学校

1　ノーマライゼーションの進展の礎を目指して　206

2　交流及び共同学習　207

（1）授業（共同の学び）　207

（2）行事での交流　210

（3）部活動、その他の交流　212

3　学校設定教科「共生社会と人間」の取組　212

4　特別支援教育コーディネーターの役割　215

5　特別支援学校にとっての高等学校との併設の強み　217

執筆者一覧

第 **1** 章

特別支援教育の新たな展開とインクルーシブ教育

筑波大学 教授
柘植雅義

はじめに

『共生社会の時代の特別支援教育』と題する本シリーズ全3巻の第1巻は、「新しい特別支援教育——インクルーシブ教育の今とこれから——」と題して、特別支援教育の新たな展開と、国連の障害者権利条約において明記されたインクルーシブ教育という概念について整理し、これからの取組課題を論じる。そして、実践編では、それぞれの指導の基本的な考えと方法を紹介する。

第1巻に深く関わるキーワードは、共生社会、理念と基本的な考え、法整備、システム構築、小中一貫教育（義務教育学校）、高等学校における通級、チーム学校、根拠（エビデンス）、PDCAサイクル、教育課程、中教審、発達障害者支援法、障害理解啓発、他、であろう。

そこで、まずこの第1章では、特別支援教育の新たな展開とインクルーシブ教育について概観する。

---

① 共生社会の時代が目指すもの

■共生社会（Cohesive society）とは

「共生社会」とは、「障害の有無にかかわらず、国民誰もが互いに人格と個性を尊重し支え合って共生する社会」（内閣府）であり、その実現を目指している。また、「国民一人一人が豊かな人間性を育み生きる力を身に付けていくとともに、国民皆で子供や若者を育成・支援し、年齢や障害の有無等にかかわりなく安全に安心して暮らせる『共生社会』」（内閣府）としている。

> **障害を理由とする差別の解消の推進に関する法律**
> 第1章総則
> （目的）
> 第1条　この法律は、障害者基本法（昭和45年法律第84号）の基本

的な理念にのっとり、全ての障害者が、障害者でない者と等しく、基本的人権を享有する個人としてその尊厳が重んぜられ、その尊厳にふさわしい生活を保障される権利を有することを踏まえ、障害を理由とする差別の解消の推進に関する基本的な事項、行政機関等及び事業者における障害を理由とする差別を解消するための措置等を定めることにより、障害を理由とする差別の解消を推進し、もって全ての国民が、障害の有無によって分け隔てられることなく、相互に人格と個性を尊重し合いながら共生する社会の実現に資することを目的とする。

　すなわち、この法は、共生社会の実現を目的としている。そして、この法を踏まえて、内閣府の障害者政策委員会では、障害者基本計画の策定に関し意見を述べるとともに、基本計画の実施状況を評価・監視し、必要に応じて勧告を行っている。また、その成果については、毎年、障害者白書等で公表されている（『平成29年版　障害者白書』http://www8.cao.go.jp/shougai/whitepaper/h29hakusho/zenbun/index-pdf.html）。

　「障害者差別解消法」に明記された、「不当な差別的取扱いの禁止」と「合理的配慮の提供」により、日本から本当に障害者差別をなくせるか？　そしてまた、必要な合理的配慮が提供され、日本は「共生社会」（内閣府）の実現により一層近付くことができるのか？　今まさに、それが問われている。

内閣府　世論調査報告書　平成24年7月調査（抜粋）

1．障害者に対する意識について

（1）「共生社会」の周知度

　障害のある・なしにかかわらず、誰もが社会の一員としてお互いを尊重し、支え合って暮らすことを目指す「共生社会」という考え方を知っているか聞いたところ、「知っている」と答えた者の割合が40.9%、「言葉だけは聞いたことがある」と答えた者の割合が24.2%、「知らない」と答えた者の割合が35.0%となっている。前回の調査結果（平成19年2月調査をいう、以下同じ）と比較して見ると、「言葉だけは聞いたことがある」（21.2%→24.2%）と答えた者の割合が上昇し、「知らない」（38.6%→35.0%）と答えた者の割合が低下している。都市規

模別に見ると、大きな差異は見られない。性別に見ると、「知っている」と答えた者の割合は男性で高くなっている。年齢別に見ると、「知っている」と答えた者の割合は 50 歳代、60 歳代で、「言葉だけは聞いたことがある」と答えた者の割合は 30 歳代で、「知らない」と答えた者の割合は 70 歳以上で、それぞれ高くなっている。

（2）「共生社会」の考え方について

　国や地方公共団体では、「共生社会」の考え方に基づいて、障害のある人もない人も共に生活できるための環境作りを進めているが、この「障害のある人が身近で普通に生活しているのが当たり前だ」という考え方について、どう思うか聞いたところ、「そう思う」とする者の割合が 88.4％（「そう思う」64.2％＋「どちらかといえばそう思う」24.2％）、「そう思わない」とする者の割合が 7.9％（「どちらかといえばそう思わない」4.9％＋「そう思わない」3.0％）となっている。前回の調査結果と比較して見ると、「そう思う」（84.8％→ 88.4％）とする者の割合が上昇している。性別に見ると、大きな差異は見られない。年齢別に見ると、「そう思う」とする者の割合は 40 歳代、50 歳代で高くなっている。

② 国連の動向と新たな理念・アクション

■障害者権利条約

　国連が、第 61 回国連総会において「障害者の権利に関する条約」（障害者権利条約）を採択し（平成 18〔2006〕年 12 月）、日本が条約を批准した（平成 26〔2014〕年 1 月）。この批准に向けた国内法の整備等の中、障害者差別解消法が成立・施行した。

　国連の障害者権利条約で記載された、inclusive education、inclusive education system、inclusion、inclusion in society、inclusion in the community、full inclusion などの推進は、特に日本の教育分野においては、現在、特別支援教育が重要な役割を担う。

■合理的配慮

国連：障害者の権利条約での定義

Reasonable accommodation：リーズナブル・アコモデーション（「合理的配慮」）

（第2条　定義）：

「障害者が他の者との平等を基礎として全ての人権及び基本的自由を享有し、又は行使することを確保するための必要かつ適当な変更及び調整であって、特定の場合において必要とされるものであり、かつ、均衡を失した又は過度の負担を課さないもの」

日本：中央教育審議会（平成24年7月23日報告）での定義

「合理的配慮」の定義：「障害のある子どもが、他の子どもと平等に『教育を受ける権利』を享有・行使することを確保するために、学校の設置者及び学校が必要かつ適当な変更・調整を行うことであり、障害のある子どもに対し、その状況に応じて、学校教育を受ける場合に個別に必要とされるもの」であり、「学校の設置者及び学校に対して、体制面、財政面において、均衡を失した又は過度の負担を課さないもの」とする。

「基礎的環境整備」の定義：「障害のある子どもに対する支援については、法令に基づき又は財政措置により、国は全国規模で、都道府県は各都道府県内で、市町村は各市町村内で、教育環境の整備をそれぞれ行う。これらは、「合理的配慮」の基礎となる環境整備であり、それを『基礎的環境整備』と呼ぶことにする。」

　これによると、「合理的配慮」のように個別的な対応ではなく、もはや、より広く全体的に必要な事項として対応することが必要と考えられる場合の対応が「基礎的環境整備」である。

■共通言語としての「合理的配慮」

　このように、「合理的配慮」は、世界各国で使われ、本人、支援者、保護者、専門家、行政担当者、等の関係者をつなぐツールである。これによって、支援の内容・方法、成果がより客観的に見られ、関係者間の

丁寧なコミュニケーションを促し、種々のトラブルを減らし、サービスを受ける側と提供する側とのコミュニケーションを進化させることが予想される。

3 ユニバーサルデザインとインクルーシブデザイン

■ユニバーサルデザイン

近年、用具や施設や環境、さらには、教育においても、ユニバーサルデザインという語が広く日本で使われてきている。障害者権利条約での定義では、ユニバーサルデザイン Universal design は以下のようである。

> 第2条　定義
> 「ユニバーサルデザイン」とは、調整又は特別な設計を必要とすることなく、最大限可能な範囲で全ての人が使用することのできる製品、環境、計画及びサービスの設計をいう。ユニバーサルデザインは、特定の障害者の集団のための補装具が必要な場合には、これを排除するものではない。

■インクルーシブデザイン

英国ロイヤルカレッジ・オブ・アート（RCA）のロジャー・コールマン教授が、平成6（1994）年に学会発表で初めて用いた。RCA に、インクルーシブデザインの世界的なセンター（HHCD）がある。

インクルーシブデザインは、ユニバーサルデザインが障害者や高齢者のアクセシビリティーやユーザビリティーに注目しているのに対して、その他の非常に多様な人々の社会的排除の解決をテーマにし（より広い社会的課題）、さらに、社会的課題の発見からクリエイティブな方法でデザインに結び付ける（仮説を作り、ビジネスにも向かう）ところが違

う。

　日本で最初のインクルーシブデザインの授業は平成21（2009）年から九州大学の芸術工学部で始まった。

　学びや学校生活のメインである通常学級での教育と、それを補完する仕掛け（小中学校では、「通級による指導」と特別支援学級）との関係性の検討や、さらに（一層？）補完する仕掛け（小・中学校や高等学校における特別支援学校の分校・分教室の設置など）の在り方などの検討が求められる。

4　特別支援教育の新たな展開

　近年の動向からいくつかの事項を紹介する。

○エビデンス（根拠）に基づいた教育（政策）の展開（2016 G 7 伊勢志摩サミットにおける倉敷宣言〔教育大臣会議〕に明記）

○高等学校における通級による指導の制度の運用開始（平成30〔2018〕年度から）に向けた準備が始まっている。

○通級による指導の一層の充実が進んでいる。全国各地の自治体において、教室の開設数の増加（自治体によっては、すべての学校に特別支援学級が設置されているが、すべての学校に通級指導教室が設置されている（自校通級）自治体はまだない）。通級による指導の担当教員（の一部）が基礎定数化された。

○特別支援教育コーディネーターの専任化（川崎市、横浜市、相模原市など一部の自治体で）

○高等学校における特別支援学校の分校・分教室の増加

○学習指導要領・教育要領の改訂（幼・小・中・高・特別支援学校）が行われている。

○発達障害者支援法の改正（**表1**）

表1　発達障害者支援法　新旧の比較（2016年5月改正）

新	旧
（定義） 第2条 2　この法律において「発達障害者」とは、発達障害がある者であって発達障害及び社会的障壁により日常生活又は社会生活に制限を受ける者をいい、「発達障害児」とは、発達障害者のうち18歳未満のものをいう。 3　この法律において「社会的障壁」とは、発達障害がある者にとって日常生活又は社会生活を営む上で障壁となるような社会における事物、制度、慣行、観念その他一切のものをいう。	（定義） 第2条 2　この法律において「発達障害者」とは、発達障害を有するために、日常生活又は社会生活に制限を受ける者をいい、「発達障害児」とは、発達障害者のうち18歳未満のものをいう
（教育） 第8条　国及び地方公共団体は、発達障害児（18歳以上の発達障害者であって高等学校、中等教育学校及び特別支援学校並びに専修学校の高等課程に在籍する者を含む。以下この項において同じ。）が、その年齢及び能力に応じ、かつ、その特性を踏まえた十分な教育を受けられるようにするため、可能な限り発達障害児が発達障害児でない児童と共に教育を受けられるよう配慮しつつ、適切な教育的支援を行うこと、個別の教育支援計画の作成（教育に関する業務を行う関係機関と医療、保健、福祉、労働等に関する業務を行う関係機関及び民間団体との連携の下に行う個別の長期的な支援に関する計画の作成をいう。）及び個別の指導に関する計画の作成の推進、いじめの防止等のための対策の推進その他の支援体制の整備を行うことその他必要な措置を講じるものとする。	（教育） 第8条　国及び地方公共団体は、発達障害児（18歳以上の発達障害者であって高等学校、中等教育学校及び特別支援学校に在学する者を含む。）がその障害の状態に応じ、十分な教育を受けられるようにするため、適切な教育的支援、支援体制の整備その他必要な措置を講じるものとする。

　この法律の改正により、幼稚園や小中学校、高等学校等で学ぶ発達障害のある子供の「個別の指導計画」と「個別の教育支援計画」の作成の法的根拠となった。

5 インクルーシブ教育に向けた指導の基本的な考えと方法

　以上で述べてきた事項は、基本的には、インクルーシブ教育に向けた取組であると言える。

　中央教育審議会初等中等教育分科会「共生社会の形成に向けたインクルーシブ教育システム構築のための特別支援教育の推進（報告）」（平成24〔2012〕年7月）によると、

> 　「共生社会の形成に向けて、障害者の権利に関する条約に基づくインクルーシブ教育システムの理念が重要であり、その構築のため、特別支援教育を着実に進めていく必要があると考える。」
>
> 　「インクルーシブ教育システムにおいては、同じ場で共に学ぶことを追求するとともに、個別の教育的ニーズのある幼児児童生徒に対して、自立と社会参加を見据えて、その時点で教育的ニーズに最も的確に応える指導を提供できる、多様で柔軟な仕組みを整備することが重要である。小・中学校における通常の学級、通級による指導、特別支援学級、特別支援学校といった、連続性のある『多様な学びの場』を用意しておくことが必要である。」
>
> 　「基本的な方向性としては、障害のある子どもと障害のない子どもが、できるだけ同じ場で共に学ぶことを目指すべきである。その場合には、それぞれの子どもが、授業内容が分かり学習活動に参加している実感・達成感を持ちながら、充実した時間を過ごしつつ、生きる力を身に付けていけるかどうか、これが最も本質的な視点であり、そのための環境整備が必要である。」

等と示されている。

【参考文献】
柘植雅義（2002）『学習障害（LD）―理解とサポートのために―』（第3刷）（中公新書）中央公論新社
柘植雅義（2013）『特別支援教育―多様なニーズへの挑戦―』（中公新書）中央公論新社
柘植雅義・葉養正明・加治佐哲也監訳（2013）『エビデンスに基づく教育政策』勁草書房（David Bridges, Paul Smeyers and Richard Smith（2009）Evidence-Based

Education Policy: What Evidence? What Basis? Whose Policy?. WILEY-BACKWELL, UK）

柘植雅義（2016）「障害による差別の解消に向けた取り組み」NHK 総合テレビ『視点・論点』（放映／アーカイブ（オンデマンド））/2016-04-20.

柘植雅義・小田浩伸・中川恵乃久・村野一臣編著（2017）『全国の特色ある 23 校の実践事例集：「高等学校における特別支援学校の分校・分教室」編』ジアース教育新社

第**2**章

合理的配慮と基礎的環境整備

帝京平成大学 教授

藤本裕人

1 「合理的配慮」の検討の動向

　「合理的配慮」については、①障害者の権利に関する条約の署名と批准、②障害者基本法の改正、③中央教育審議会での合理的配慮等の検討、④障害者差別解消法の制定、⑤文部科学省所管事業分野における障害を理由とする差別の解消の推進に関する対応指針というように検討等が行われてきている。学校教育では、これらに基づいて合理的配慮の提供を行うことになる。合理的配慮の理解と提供を行う上で、重要な内容について解説する。

■合理的配慮の検討の経緯

①　障害者の権利に関する条約

　「障害者の権利に関する条約」第2条の定義において、「合理的配慮」とは、「障害者が他の者との平等を基礎として全ての人権及び基本的自由を享有し、又は行使することを確保するための必要かつ適当な変更及び調整であって、特定の場合において必要とされるものであり、かつ、均衡を失した又は過度の負担を課さないものをいう」とされている。

　また、「障害者の権利に関する条約」第24条（教育）では、教育についての障害者の権利を認め、この権利を差別なしに、かつ機会の均等を基礎として実現するため、障害者を包容する教育制度（インクルーシブ教育システム；inclusive education system）等を確保することとし、その権利の実現に当たり確保されるものの一つとして「個人に必要とされる合理的配慮が提供されること」と示している。

②　障害者基本法の改正

　障害者の権利の保護等に関する「障害者の権利に関する条約」が平成18（2006）年12月国連総会において採択され、平成19（2007）年9月、同条約に署名したが、我が国では、条約の締結に至るまでに、障害者制

度改革の推進のための基本的な方向を取りまとめ、これらを踏まえて、障害者基本法を改正した。この基本法では第4条に、権利条約の差別の禁止に係る規定の趣旨を取り込む形で、差別の禁止を新設した。その内容は、①何人も、障害者に対して、<u>障害を理由として、差別することその他の権利利益を侵害する行為をしてはならない</u>。②社会的障壁の除去は、それを必要としている障害者が現に存し、かつ、その実施に伴う負担が過重でないときは、それを怠ることによって<u>①の規定に違反することとならないよう、その実施について必要かつ合理的な配慮がされなければならない</u>。③国は、①の規定に違反する行為の防止に関する啓発及び知識の普及を図るため、当該行為の防止を図るために必要となる情報の収集、整理及び提供を行うものとしている。

③　中央教育審議会での合理的配慮等の検討

　障害者の権利に関する条約の署名・批准、障害者基本法の改正の一連の検討動向に即して、学校教育の中では、合理的配慮の定義とその具体的内容を明らかにする必要があり、中央教育審議会初等中等教育分科会において、障害者の権利に関する条約のインクルーシブ教育システムの構築の理念を踏まえた教育制度の在り方等について検討が行われ、平成24（2012）年7月に「共生社会の形成に向けたインクルーシブ教育システム構築のための特別支援教育の推進」の報告書（以下、中教審報告）がまとめられた。本報告で、<u>「合理的配慮」</u>とは、<u>「障害のある子どもが、他の子どもと平等に『教育を受ける権利』を享有・行使することを確保するため、学校の設置者及び学校が必要かつ適当な変更・調整を行うことであり、障害のある子どもに対し、その状況に応じて、学校教育を受ける場合に個別に必要とされるもの」</u>であり、<u>「学校の設置者及び学校に対して、体制面、財政面において、均衡を失した又は過度の負担を課さないもの」</u>と定義された。

　また、障害者の権利に関する条約において、<u>「合理的配慮」の否定は、障害を理由とする差別に含まれる</u>ことに留意する必要があることが示された。

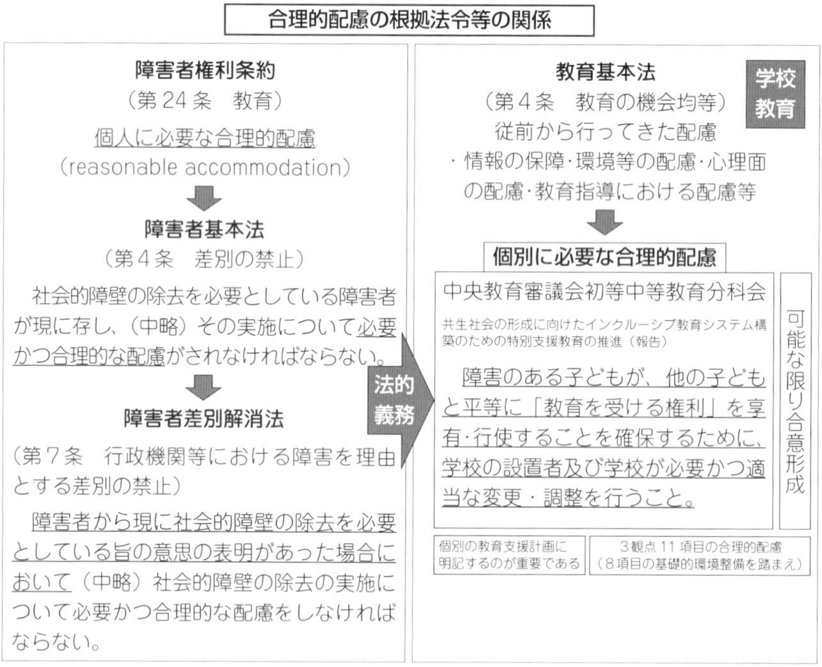
合理的配慮の根拠法令等の関係
障害者権利条約
（第24条　教育）
個人に必要な合理的配慮
（reasonable accommodation）
障害者基本法
（第４条　差別の禁止）
社会的障壁の除去を必要としている障害者が現に存し、（中略）その実施について必要かつ合理的な配慮がされなければならない。
障害者差別解消法
（第７条　行政機関等における障害を理由とする差別の禁止）
障害者から現に社会的障壁の除去を必要としている旨の意思の表明があった場合において（中略）社会的障壁の除去の実施について必要かつ合理的な配慮をしなければならない。
法的義務
教育基本法
（第４条　教育の機会均等）
学校教育
従前から行ってきた配慮
・情報の保障・環境等の配慮・心理面の配慮・教育指導における配慮等
個別に必要な合理的配慮
中央教育審議会初等中等教育分科会
共生社会の形成に向けたインクルーシブ教育システム構築のための特別支援教育の推進（報告）
障害のある子どもが、他の子どもと平等に「教育を受ける権利」を享有・行使することを確保するために、学校の設置者及び学校が必要かつ適当な変更・調整を行うこと。
可能な限り合意形成
個別の教育支援計画に明記するのが重要である
３観点11項目の合理的配慮（８項目の基礎的環境整備を踏まえ）

図１　合理的配慮の根拠法令等の関係

④　障害者差別解消法

障害者差別解消法は、障害者基本法の「差別の禁止」の規定を具体化するものとして制定されている。この法律は、「差別を解消するための措置」と「差別を解消するための支援措置」の事項を定めている。この法律では、行政機関等及び事業者に、その事務又は事業を行うに当たり、①障害を理由として障害者でない者と不当な差別的取扱いをすることにより、障害者の権利利益を侵害してはならないこと、②障害者から現に社会的障壁の除去を必要としている旨の意思の表明があった場合において、その実施に伴う負担が過重でないときは、障害者の権利利益を侵害することにならないよう、当該障害者の性別、年齢及び障害の状態に応じて、社会的障壁の除去について必要かつ合理的な配慮をしなければならないことが述べられている。

⑤　文部科学省所管事業分野における障害を理由とする差別の解消の推進に
　　関する対応指針（平成27年11月）

　障害を理由とする差別の解消の推進に関する基本方針（平成27年2
月閣議決定）に即して、文部科学省が所管する分野における事業者（私
立学校、社会教育施設、文化・スポーツ施設等）が適切に対応するため
に必要な事項を定めたもので、これらは、すべての教育関係者の参考と
なる内容となっている。

　対応指針では、意思の表明が困難な障害者が家族やコミュニケーショ
ンを支援する者を伴っておらず、本人の意思の表明も、コミュニケーショ
ンを支援する者が本人を補佐して行う意思の表明も困難であることなど
により、意思の表明がない場合であっても、当該障害者が社会的障壁の
除去を必要としていることが明白である場合には、法の趣旨に鑑み、当
該障害者に対して適切と思われる配慮を提案するために建設的対話を働
きかけるなど、自主的な取組に努めることが望ましいことが述べられて
いる。

　また、過重な負担については、関係事業者において、個別の事案ごと
に、以下のア〜オの要素等を考慮し、具体的場面や状況に応じて総合的・
客観的に判断することが必要であること。個別の事案ごとに具体的場面
や状況に応じた検討を行うことなく、一般的・抽象的な理由に基づいて
過重な負担に当たると判断することは、法の趣旨を損なうため、適当で
はないこと。関係事業者は、個別の事案ごとに具体的な検討を行った上
で過重な負担に当たると判断した場合には、障害者にその理由を説明す
るものとし、理解を得るよう努めることが望ましいこと、としている。
過重な負担の検討要素については、ア事務・事業への影響の程度（事務・
事業の目的・内容・機能を損なうか否か）、イ実現可能性の程度（物理的・
技術的制約、人的・体制上の制約）、ウ費用・負担の程度、エ事務・事
業規模、オ財政・財務状況が示されている。

2 学校教育における「合理的配慮」の観点と「基礎的環境整備」

　「合理的配慮」についての検討が続けられる中で、学校は、実際的には、平成24（2012）年7月の中教審報告を基本として対応を行うことになる。

　「合理的配慮」は個々の障害のある幼児児童生徒の状態等に応じて提供されるものであること、設置者及び学校が決定するに当たっては、本人及び保護者と個別の教育支援計画を作成する中で、「合理的配慮」の観点を踏まえ、<u>「合理的配慮」について可能な限り合意形成を図った上で決定し、提供されることが望ましい</u>が、それぞれの学びの場における<u>「基礎的環境整備」</u>の状況により、提供される「合理的配慮」は異なることになる。

　中教審報告では「合理的配慮」の観点として3観点11項目、そして合理的配慮の基礎となる「基礎的環境整備」が8項目示された。学校は、個々の幼児児童生徒（保護者）からの申し出を踏まえて検討を行い、3観点11項目に沿って合理的配慮を提供することになる。3観点11項目の内容は次のとおりである。

（1）合理的配慮

〈「合理的配慮」の観点①教育内容・方法〉
〈①－1　教育内容〉
　①－1－1　学習上又は生活上の困難を改善・克服するための配慮
　①－1－2　学習内容の変更・調整
〈①－2　教育方法〉
　①－2－1　情報・コミュニケーション及び教材の配慮
　①－2－2　学習機会や体験の確保
　①－2－3　心理面・健康面の配慮

〈「合理的配慮」の観点②支援体制〉

②－1　専門性のある指導体制の整備

②－2　幼児児童生徒、教職員、保護者、地域の理解啓発を図るための配慮

②－3　災害時等の支援体制の整備

〈「合理的配慮」の観点③施設・設備〉

③－1　校内環境のバリアフリー化

③－2　発達、障害の状態及び特性等に応じた指導ができる施設・設備の配慮

③－3　災害時等への対応に必要な施設・設備の配慮

（2）基礎的環境整備

中教審報告では、「合理的配慮」と「基礎的環境」の関係について次のように述べられている。

> 障害のある子どもに対する支援については、法令に基づき又は財政措置により、国は全国規模で、都道府県は各都道府県内で、市町村は各市町村内で、教育環境の整備をそれぞれ行う。これらは、「合理的配慮」の基礎となる環境整備であり、それを「基礎的環境整備」と呼ぶこととする。これらの環境整備は、その整備の状況により異なるところではあるが、これらを基に、設置者及び学校が、各学校において、障害のある子どもに対し、その状況に応じて、「合理的配慮」を提供する。

そして、通常の学級、通級による指導、特別支援学級、特別支援学校それぞれの学びの場における「合理的配慮」は、「基礎的環境整備」を基に個別に決定されるものであり、それぞれの学校における「基礎的環境整備」の状況により、提供される「合理的配慮」は異なることとなる。

基礎的環境整備には、八つの項目が示されている。

①　ネットワークの形成・連続性ある多様な学びの場の活用

（特別支援学校、特別支援学級、通級による指導、通常の学級にお

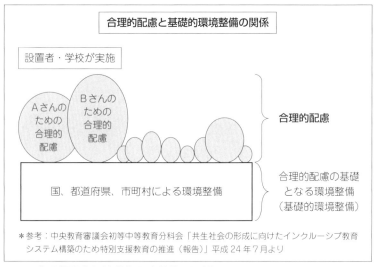

図2　合理的配慮と基礎的環境整備の関係

ける特別な支援を必要とする児童生徒への支援）

② 専門性のある指導体制の確保

（校内委員会の設置、実態把握、特別支援教育コーディネーターの指名、巡回相談員の活用、専門家チームの活用、特別支援教育に関する教員研修等）

③ 個別の教育支援計画や個別の指導計画の作成等による指導

④ 教材の確保

（教科書、教材）

⑤ 施設・設備の整備

（施設・設備の整備〔バリアフリー設備の整備を含む〕、施設・設備の維持修繕）

⑥ 専門性のある教員、支援員等の人的配置

（教員の給与負担・定数、教員の研修、特別支援学校教員免許、特別支援教育に関する教員研修、支援員の配置、医療的ケア）

⑦ 個に応じた指導や学びの場の設定等による特別な指導

（教育課程編成）

⑧　交流及び共同学習の推進

（学校間交流、居住地校交流）

【参考文献】
「障害者の権利に関する条約」（和文）（外務省：アクセス日：2014 年 10 月 31 日）
　　http://www.mofa.go.jp/mofaj/gaiko/page22_000599.html
「共生社会の形成に向けたインクルーシブ教育システム構築のための特別支援教育の推進
　　（報告）」（平成 24 年 7 月 23 日中央教育審議会初等中等教育分科会報告）
「文部科学省所管事業分野における障害を理由とする差別の解消の推進に関する対応指針に
　　ついて（通知）」平成 27 年 11 月 26 日

第 **3** 章

これからの通常学級の取組課題
（十分な教育）

国立特別支援教育総合研究所 主任研究員

伊藤由美

① 通常の学級の現状

　文部科学省（2012）が、通常の学級には、学習上又は行動上の困難があり、教育上特別の支援を必要とする児童等が6.5％程度の割合で在籍しているという調査結果を公表して以降、通常の学級に教育的ニーズのある子供が在籍しているという現状は自明のこととして捉えられるようになった。このような中、国際連合における障害者の権利条約の採択等を踏まえて、平成25（2013）年には学校教育法施行令の改正が行われた。この改正により就学手続きの考え方が改められ、今まで特別支援学級や特別支援学校が学びの場として適当と判断されていた子供も、地域の小・中学校の通常の学級で学ぶことが選択できるようになった。

　こうした状況を受け、国は法律の整備、都道府県や市町村は学校の整備、研修機会の確保、学校は校内や教室の整備、校内支援体制の整備等の「基礎的環境整備」を進めること、また、教員は、通常の学級の担任においても、子供にとって必要な指導や支援が行えるよう「合理的配慮」に関する知識を身に付け、実践をしていくことが求められることとなった。小・中学校等を含むすべての学校で特別支援教育を充実させ、在籍する子供一人一人が十分な教育を受けられるよう体制を整えることが今まで以上に期待されることとなった。

　さらに、学習指導要領の改訂に伴い、主体的・対話的で深い学びが求められることになる。生きて働く知識・技能の習得はすべての子供にとって大切なことである。しかし、見通しをもって学んだり、対話により思考を深めたりすることが苦手な子供も通常の学級には在籍している。このような子供たちにとっても深い学びができるよう、授業の工夫をしていくことが教員に求められている。

2 インクルーシブ教育システム構築に取り組むために

（1）通常の学級の担任・教科担任に期待される姿勢

　様々な障害のある子供が、総合的な判断のもと通常の学級への入学を選択できるようになったことから、通常の学級の担任・教科担任（以下、「通常の学級の担任」と記す）は、特別支援教育について深く専門的な知識を身に付けなくてはならなくなるのではないかと考えることが導入時の課題として考えられた。しかし、インクルーシブ教育システムはフルインクルージョンとは異なるものであり、障害の状態等により、その子供に合った学びの場を選択することができる。そのため、通常の学級の担任には、障害全般に関する深い知識と専門的な指導力が求められるのではなく、通常の学級に在籍して学習上又は行動上の困難を示している子供に関する知識や指導法等に関する専門性、校内の専門的な知識を持つ教員に相談ができる力を身に付けることが期待されることとなった。このことは、中央教育審議会初等中等教育分科会「共生社会の形成に向けたインクルーシブ教育システム構築のための特別支援教育の推進」（報告）（2012）等を通して周知された。

（2）通常の学級の担任に期待される資質・能力

　通常の学級の担任と教科担任に期待される資質・能力について、国立特別支援教育総合研究所（2012）は、インクルーシブ教育システムにおける教育の専門性と研修カリキュラムの開発に関する研究の中で次のように整理している。
　　○授業づくり（学習指導の工夫、子供を中心とした授業づくり、指導
　　　形態の工夫、教材研究・教具の活用、授業研究・学習指導案、学習
　　　評価、学習環境、学習規律）

○学級経営（仲間づくり・集団づくり、自主的・自律的な学級づくり、生徒指導上の課題、子供との関係づくり）

○児童生徒理解（一人一人の特性の理解、効果的なほめ方・叱り方、自尊感情・自己肯定感、カウンセリングマインド）

○保護者との対応（日常の関わり、保護者会、個人面談、授業参観、家庭訪問）

○教員としての心構え（教育公務員の法規・通知、教育課程・学習指導要領、人間関係の構築、校務分掌と事務処理、安全管理・危機管理、人権意識）

この中でも、授業づくり、学級経営、児童生徒理解は、今まで以上に深い知識を持ち対応することが求められている。さらに、通常の学級に在籍する子供の多くは障害のない子供である。そのため、障害のある子供と障害のない子供が共に同じ場で学ぶためには、お互いのことを理解し合えるような環境づくりをすることが必要である。

---

3 発達障害のある子供の指導と支援

（1）発達障害のある子供の特性

　通常の学級で学習上又は行動上の困難があり、教育上特別な支援を必要とする子供の多くは発達障害のある子供、あるいは、その可能性のある子供と考えられる。そこで、本稿では、通常の学級に在籍する教育的ニーズのある子供を「発達障害のある子供」と表記することとする。

　発達障害のある子供は特性が理解されにくい一面があるため、周囲の理解がなければ、子供にとって必要な支援が、特別扱いと受け取られやすいという難しさを持っている。そのため、障害特性による困難さを軽減するために必要な支援と教員が考えても、本人がそれを受け入れることをためらうという課題が生じる可能性がある。そこで、発達障害のあ

る子供も含め、学級全員が互いのよさを認め合い、大切にする学級経営を心がけることが重要となる。さらに、教員の態度は大変重要である。どの子供も学級担任に理解して欲しいと感じており、努力したことを認めて欲しいと思っている。もし周囲の子供が、担任が発達障害のある子供にばかり目を向けていると感じるようであれば、発達障害のある子供を特別な存在として見るような雰囲気ができあがり、理解は進まない。教員はすべての子供に目を配り、子供のよいところや頑張りを積極的に伝えることが学級経営の基本となる。

　その上で、障害者理解教育などを通して、子供が様々な多様性を受け入れられるよう、心情や態度を育むように工夫することが重要である。教員自身が発達障害のある子供への適切な関わり方を示すことで理解を促していくことが大切であり、学級内のすべての子供が、互いの特徴を認め合い、特別な支援についても必要性の理解を進めていくことが求められる。さらに、低学年からこの取組を進めることは、共生社会を推進していく子供たちにとって非常に重要な課題だと言える。

（2）発達障害のある子供への指導と支援

　発達障害のある子供が持っている障害は、本人や保護者に自覚されづらく、周囲の人には困難さが理解され難いという特徴がある。そのため、本人が感じている困難さは、わがままや怠けなどと受け取られ、低く評価をされることが少なくない。さらに、そうした教員の評価は、日常的な子供への関わり方に結び付きやすく、その結果、周囲の子供の受け止め方にも影響を与えることとなる。教員が子供に日常的に見せている態度が子供同士の関わり方、声の掛け方といった関わりの端々に現れる可能性があり、このような経験の積み重ねは、発達障害のある子供にとって自分自身を他の子供より能力の低い存在として意識したり、自信を失ったり、さらには不適応を起こしたりする要因となる。教員は子供たちに見せている態度がモデルになっていることを自覚できているか、学

級の状況との関係を確認することができているかを考えることが、学級経営において大きな課題となる。

　学校という学びの場において、子供が学ぶことに前向きになれる環境を保障することは教員にとって基本的な役割である。そのためにも、担任は、教員に求められる基本的な知識や姿勢を持って、子供に対する日常的な関わり方の大切さを改めて意識することが求められている。加えて、発達障害のある子供の状態に対する正しい知識を身に付け、子供の困難さにいち早く気付き、適切な指導や必要な支援につなげていくことが大いに期待されている。

（3）困難さへの気付きと正しい理解

　発達障害のある子供の困難な状況に気付くには、教員の期待に対し子供がそぐわない状態を示したとき、できない、やらない子供と判断をする前に、子供が困っているサインであるという意識を持つことが必要である。勉強や運動ができること、教員や友達とよい関係が築けることを望んでいない子供はいない。しかし、それができていない状況にあるということは、本人が最も困っており、できていない状態は子供が出しているヘルプサインと考えられる。子供にとって必要な支援をするには、まずそのサインに気付くことが求められる。

　サインの中には、「私語が多く、気が散りやすい」「整理ができない」「友達とのコミュニケーションが上手くいかない」「特定の領域の成績が悪い」など、気付きやすいことから気付きにくいものまである。気付きの視点として、他の子供に比べて著しく特徴的な場合、その子供個人内の特性として、できることと苦手なことの差が大きい場合などが考えられる。そして、そのサインに気付いた後、原因がどこにあるのか、どのような支援をしていくことが必要かを考えていくこととなる。

4 発達障害のない子供にとっても分かりやすい授業

（1）すべての子供にとって分かりやすい授業

　教育上、特別の支援を必要とする発達障害のある子供に分かりやすい授業をするには、特別支援教育の視点を生かし工夫をすることが必要である。そして、このような工夫のされた授業は、多くの子供にとって、分かりやすく、楽しい授業となる。例えば、落ち着かない子供にとって話を聞き続けることは非常に難しい。そこで、話を聞く時間、調べる時間、話合いをする時間、発表をしてお互いが考えたことを共有する時間と活動を組み合わせることがある。短時間で活動を切り替えることで授業への集中を高め、様々な活動が入ることで参加が楽しいものとなる。

　このように学びを深める工夫をすることは、発達障害のある子供だけでなく、すべての子供にとっても分かりやすく、興味深い授業となる。また、言葉での指示だけでは記憶が難しく、聞き逃しをしてしまうことの多い子供への支援として、学習の流れを黒板の端に示しておくことがある。このような支援は、発達障害のある子供以外も、今、全体の学習の流れの中で何をしているのか、最終的に何が授業の目的になっているのかをいつでも確認することが可能になる。さらに、授業のルールを年度初めに示し、教室の中に掲示していることがある。話し方や聞き方、発言の仕方などをお互いに共有することで、混乱をすることが減る子供も少なくない。また、ルールを学級の中で話し合って決めることで、みんなで決めたルールをみんなで守るという意識が高まり、社会性を身に付ける手立てにもなる。

（2）主体的・対話的で深い学びの実施

　学習指導要領の改訂に伴い、主体的・対話的で深い学びが求められる

こととなった。深い学びには、各教科等の特質に応じて「見方・考え方」を働かせながら、知識を相互に関連付けてより深く理解したり、情報を精査して考えを形成したり、問題を見いだして解決策を考えたり、思いや考えを基に創造したりといった学びのプロセスが求められる。

　しかしながら、発達障害のある子供の中には、相手の意見を聞いて学びを深めたり、情報を収集したりすることは得意でも、そこから創造をすることが苦手といった特性のある子供もいる。そのため、教員は子供の苦手な部分をどのように支援すれば深い学びに参加することができるかという視点を持つことも必要である。

　気を付けなくてはならないのは、様々な活動をすることが深い学びであると誤解をしてしまうこと、また、子供にとって苦手なことを省いたり、他の課題等に置き換えたりして進めてしまうことである。深い学びに結び付けるには、先に示したような学びのプロセスを踏むことが必要である。そのために、どのような授業の流れをつくるとよいか、その中で発達障害のある子供にはどのような支援をするとよいか等を考えることが望まれる。

⑤ 通常の学級の担任を支える仕組み

　先にも述べたように、現在の通常の学級には発達障害のある子供が一定の割合で在籍しているため、通常の学級の担任が特別支援教育に関する専門性を身に付けることは必須である。その一方で、通常の学級の担任が一人で抱え込まないよう、校内で支援体制を充実させることも非常に大切である。子供のサインに気付いた後、その困難の背景要因を整理するとともに、障害の特性について正しく理解し、教育的ニーズに応じた適切な指導や必要な支援につなげていくために、専門性の高い教員の力を借りることは、通常の学級の担任にとっても子供にとっても必要なことである。例えば、特別支援教育コーディネーター、特別支援学級の

担任、通級指導担当教員、スクールカウンセラー等に相談することで適切な助言を得ることが可能となる。また、必要に応じて、校内委員会やケース会議などで子供の支援について検討することで、組織的に支援の方法を考えてもらうことも可能となる。通常の学級の担任は子供を担当する責任者として一人で抱えがちであるが、一人で子供を抱えるのではなく、校内全体で子供を育てるという意識を持ち、子供の情報を共有し、支援体制が組まれるような校内体制づくりをしていくことが、これからの学校には求められる。

　そして、忘れていけないのが校長のリーダーシップである。校長が特別支援教育に対して高い意識を持っているか否かで校内の雰囲気は大きく変わる。ある小学校の校長は、音楽や体育等専門教科を担当する教員が指導している時間を利用し、通常の学級の担任に特別支援学級のサポートに入らせることで専門性を高めるといった工夫をしていた。日常的にこのような学びの機会を設定することで、教員の特別支援教育への意識の変化や、専門性の習得を目指すことができるよい例であろう。

　特別支援教育が特別なことにならないためには、校長の考え方が大きく関与していることを意識して、学校づくりを進めることが期待される。

【参考文献】
中央教育審議会初等中等教育分科会（2012）「共生社会の形成に向けたインクルーシブ教育システム構築のための特別支援教育の推進（報告）」
国立特別支援教育総合研究所（2012）「専門研究A報告書インクルーシブ教育システムにおける教育の専門性と研修カリキュラムの開発に関する研究」
文部科学省（2017）「発達障害を含む障害のある幼児児童生徒に対する教育支援体制整備ガイドライン〜発達障害等の可能性の段階から、教育的ニーズに気付き、支え、つなぐために〜」
文部科学省（2012）「通常の学級に在籍する発達障害の可能性のある特別な教育的支援を必要とする児童生徒に関する調査結果について」

第 **4** 章

これからの通級による指導の取組課題（通常学級）

国立特別支援教育総合研究所 主任研究員

伊藤由美

1　通級による指導とは

　通級による指導とは、障害の状態がそれぞれ異なる個々の児童生徒に対し、個別指導を中心とした特別の指導をきめ細かに、かつ弾力的に提供する教育の一形態である（文部科学省；2012）。通級による指導では特別な教育課程の編成により行われ、年間35〜280単位時間が標準的な指導時間とされているが、LD及びADHDの場合には指導上の効果が期待される場合もあることから、下限が10単位時間とされている。

　通級による指導という制度ができる以前、通常の学級に在籍する教育的ニーズのある子供は、状態に応じて特別支援学級で指導を受けていた。その後、通常の学級に在籍しながら学ぶことのできる場を確保する必要があると考えられ、平成5年の学校教育法施行規則の改正により、小学校及び中学校における通級による指導が制度化されたという経緯がある。平成18（2006）年の学校教育法施行規則の改正では、通級による指導の対象にLD及びADHDが追加され、さらに、平成30（2018）年度からは高等学校にも通級による指導が制度化されることとなった。

　このような経緯で通常の学級に在籍し、教育的ニーズのある子供たちの学びの場が制度として整えられてきた。現在、通常の学級に在籍している教育的ニーズのある子供にとって、通級による指導は必要不可欠な学びの場として位置付いている。

2　通級担当教員に求められること

　通級担当教員は、教育的ニーズのある子供への指導・支援はもちろん、子供が在籍する通常の学級の担任との連携、保護者との連携、校内の教育支援体制の整備に当たり、専門的な見地から助言を行う等、様々な役割を求められている。そのため、通級担当教員には、個々の障害の状態

に関する知識や障害に応じた具体的な指導方法といった特別支援教育に関する専門的な知識とともに、人とつながるためのコミュニケーション力、チームで活動できる調整力といった専門性も期待されている。以下に、子供の指導に関することと校内支援に関することに分け、通級担当教員に期待されている役割と課題を述べる。

③　子供への指導をめぐる役割と課題

（1）通級による指導における子供への指導

　通級による指導は、通常の学級に在籍する障害のある子供にとって、教育的ニーズに応じた個別の指導を受けられる教育の形態である。そのため、通級担当教員は、小・中学校の学習指導要領を理解するだけでは十分でなく、特別支援学校の学習指導要領も知っておくことが求められる。通級による指導においては、特別支援学校の学習指導要領の中に規定されている自立活動の目標や内容を参考に実施することが必要となるため、通級担当教員は、こうした知識を身に付け、子供の状態を見立て、支援の内容・方法を考えなくてはならない。また、個別の指導計画の中には、通級による指導での指導目標や手だて等を記載することが求められるが、通級による指導でのみ活用されるのではなく、学ぶ場が変わっても、子供に関わるすべての教員がこの内容を共有することができ、子供に必要な指導・支援方法を考えるためのツールとして活用されることが求められる。さらに、指導の内容が通常の学級において効果的に作用するために、子供が在籍する通常の学級の担任と随時、情報交換を行うことも求められる。

（2）通常の学級の担任と連携した子供への支援

　では、通級による指導を受けている子供が在籍する学級には何が求め

られているのだろうか。

　通級による指導を受けている子供は、ほとんどの時間を通常の学級で過ごしている。つまり、ほとんどの時間は障害のない子供と同じ教科、同じ内容を勉強しているということになる。通常の学級で学びやすくなるよう通級による指導を受けているにもかかわらず、通常の学級に戻るとその力を発揮することができないのであれば指導の効果があったとは言えない。学級担任は、通常の学級でその指導効果を生かす方法を通級担当教員と考え、分かりやすい授業や学級環境づくりについて学ぶことが重要となる。

　また、通級による指導では、個別もしくは小グループでの活動になり、通常の一斉授業とは異なる指導方法が取られている。子供に応じた指導内容が子供に応じた方法で行われるため、子供と担当教員との間には信頼関係が築かれやすい。その結果、通常の学級が子供にとって居場所となっていなければ、通級指導教室で見せる様子と通常の学級で見せる様子が異なることも考えられる。

　何人かの通級担当教員から「通級指導教室では、積極的に課題に取り組み、認めてもらえたことで笑顔になる子供の様子が見られるが、通常の学級では、授業の内容が理解できず落ち着きなく椅子に座っていたり、ぼんやりした表情で窓の外を見ていたりと、授業に参加できていない様子を見て残念な気持ちになった」という話を聞いたことがある。通級による指導の場で自信を持って課題に取り組んでいる子供の姿を知っていればこそ、ギャップの大きさを感じるのかもしれない。しかし、このように感じてしまうのは、通級による指導と通常の学級での授業に連続性が意識されていないためとも考えられる。

　通常の学級で通級による指導を受けている子供が授業に参加できないのは、学級担任の理解不足だけが理由とは言えない。通級による指導を受けている子供は通常の学級でほとんどの時間を過ごしているため、他校通級など授業に参加できない時間が続くほど授業の内容が分からなく

なったり、周囲の子供の態度によっては居場所がなくなり、自信も失いがちとなる。そのため、通級指導教室担当は通級指導教室で子供に指導をするだけでなく、通級で身に付けた学び方や学ぶ力を通常の学級で発揮できるよう、通常の学級の担任と連携をとったり、支援をしたりすることが求められる。通級による指導と通常の学級担任との連携、学級の子供たちへの理解啓発は一体として考える必要があると言える。

（3）個別の指導計画、個別の教育支援計画の作成

　通級による指導では、障害による学習上または生活上の困難の改善・克服を目的とする特別な指導、いわゆる自立活動が行われることから、子供一人一人に応じて必要な指導内容や支援方法を検討し、個別の指導計画や個別の教育支援計画を作成する必要がある。

　しかしながら、個別の指導計画や個別の教育支援計画については、作成方法の分かりづらさ、作成時間確保の難しさ等から、作成されていなかったり、作成されても指導に生かされていなかったりといった例もある。こうした課題の背景には、通級担当教員の経験年齢の短さ、研修機会の少なさがある。通級担当教員の配置については、1～3年目の担当者が半分近くを占めているという調査結果も出ている（国立特別支援教育総合研究所：2010）。また、通級担当教員を複数配置していない学校も多く、こうした場合には、担当になった教員が自ら学び、個別の指導計画等を作成することを求められるため、指導に生かされる計画を作成することが難しい状況であることも推測できる。しかしながら、通級による指導を受ける子供にとって個別の指導計画や個別の教育支援計画は、必要な支援が共有されるツールとして不可欠なものである。こうした課題を解決するため、身近で学び合える機会を確保し、通級指導担当者の専門性が引き継がれるよう、教育委員会に期待されることも多い。

（4）保護者との連携

　通級による指導の効果を上げるためには、学校内の連携だけでなく、保護者と連携をとることも必要である。通常の学級における指導だけでは学習上または生活上の困難さを改善することが難しい場合、保護者に通級による指導について提案される。子供が通級による指導を受けるには、保護者の了解が必要であり、通級で行われる指導の内容は家庭の協力も得ながら指導・支援に当たる必要がある。

　通級による指導は、在籍する学校で指導を受ける自校通級、他の学校から近隣の通級指導教室に通い指導を受ける他校通級、担当教員が学校を回り指導を実施するという巡回指導という方法がある。他校通級の場合、保護者が子供を送迎することがほとんどであることから、保護者からの相談を受けたり、子供の様子を共有したりしやすい。しかし、自校通級や巡回指導の場合、学級担任との連携が充実する反面、保護者と情報交換をする機会が少なくなるのが課題である。そのため、連絡帳を活用する、電話を掛ける等、家庭と学校での支援や対応に一貫性を持たせるための工夫が必要である。通常の学級で子供が暗い表情をしていることがないよう通常の学級担任と連携をするのと同じように、学校と家庭でも子供の理解が一致すること、保護者に子供への関わり等で不安を感じさせないように支援することを意識しなくてはならない。通級担当教員は、通級による指導が子供の生活の場から独立してしまわないよう、連携を図ることが求められる。

4　校内支援における役割と課題

　通級指導担当者は、通級による指導の場での子供への直接的な指導、通常の学級や保護者との連携の他にも、特別支援教育コーディネーターと連携をとりながら、校内全体での特別支援教育に関する推進の役割も

担うこととなる。また、校内委員会では構成メンバーとしての役割も期待されており、特に通級による指導を受けている子供の指導や支援に関する検討の際には、指導内容とともに指導・支援の際の役割分担等について提案することが望まれる。

（1）特別支援教育コーディネーターとの連携

　特別支援教育コーディネーターは、校内の特別支援教育を推進する中心的な役割を担っているが、通級担当教員もまた校内の特別支援教育において非常に大きな役割を担う存在である。そのため、特別支援教育コーディネーターとは日常的・定期的に情報交換を行い、校内の状況を共有することが望まれる。連携をうまく進めることにより、通級による指導を受ける必要のある子供を支援につなげることも可能となる。

　一方、特別支援教育コーディネーターと通級担当教員は、役割が異なるということを忘れてはならない。学校支援を効果的に行うためにも、校内においてどのような役割をとるか分担を明確にしておくことも必要である。対外的な支援の窓口は特別支援教育コーディネーター、校内支援のサポートを通級担当教員とする等、分担をするのがその例である。また、他校通級や巡回指導を行っている場合には、指導している子供が在籍する学校の特別支援教育コーディネーターとの連携を図る際の役割も相談しておくとよい。

（2）通常の学級への支援

　通級担当教員は、通常の学級の担任に対して、特別支援教育に関する助言を行うことがある。通級による指導を受けている子供がいる学級はもちろん、通級による指導を受けている子供が在籍していない場合でも教育的ニーズを持っている子供はおり、一人一人の教育的ニーズに応じた指導の必要性について学級担任に理解を求めていかなくてはならない。支援の方法は教員に助言をするだけでなく、通常の学級の指導場面

で、ティームティーチングのように直接子供への支援に関わることもある。その際、支援の役割や方法について、短時間でも学級担任と確認や相談をしておくことが大切である。子供の中には、自分だけが違う存在だと思われたくないという思いを持っていることも少なくない。そのため、必要な支援を受けることで周囲から孤立し、在籍学級が居づらい場とならないよう、学級全体と支援する子供とのバランスを考慮して、支援することが必須である。

　通常の学級の担任から指導の工夫等の相談を受けた場合には、特別支援教育に関して専門的な観点を意識しつつ、相談にきた教員には専門用語はできるだけ散りばめず、分かりやすく説明していくことが望まれる。また、その前提として、通常の学級担任が通級担当者に相談しやすい校内の雰囲気づくりをすることが大切である。ある学校の通級教室では、通級による指導で子供が興味を持った教材をはじめ、担当者の作成した様々な教材の使い方を伝えながら、教材の貸し出しを始めたところ、授業後、通級担当者に相談を持ちかけてくる教員が増えたという話であった。通常の学級に対して、通級指導担当者ができることを知らせていくことも非常に大切なことである。

5　高等学校における通級による指導の制度化に向けた課題

　高等学校においても平成30（2018）年度から通級による指導が制度化されることとなった。義務教育である小・中学校とは異なる仕組みの中で通級による指導をどのように進めていくのか課題は山積しているが、特に大きな課題として考えられるのは、教員の意識を変えることである。

　高等学校においても、特定の科目が極端に苦手であったり、コミュニケーションが得意でなかったりと気になる生徒がいることは気付かれていた。しかしながら、特別支援教育に対して馴染みがなかった高等学校

の教員の意識の中には「入学者選抜に合格した生徒が入学しており一定の学力がある」「自分が教えるのは専門教科であり特別支援教育ではない」という思いが根強くある。また、もし自分が通級担当教員になったら、教科担任ができなくなるのではないかという不安が生じている可能性もある。

　新たなことを導入する際には、常に意識を変えることへの抵抗と戦うことが求められる。既に高等学校における通級による指導は制度化され、通級による指導を必要としている生徒がいるのも現実である。課題の多さにとらわれるのではなく、特別支援教育の理解を広げるための大きなきっかけとして捉え、通常の学級での授業づくりや学級経営の在り方を含め、制度の活用を考えていくことが期待される。

【参考文献】

国立特別支援教育総合研究所（2010）「専門研究D報告書発達障害を対象とする通級指導教室と通常の学級との連携の在り方に関する研究」
文部科学省（2012）「通級による指導の手引　解説とQ＆A」

第 **5** 章

これからの特別支援学級の取組課題（交流及び共同学習）

岡山大学大学院 准教授
吉利宗久

① インクルーシブ教育と特別支援学級

（1）特別支援学級を取り巻く状況

　平成18（2006）年12月、国連「障害者権利条約」（Convention on the Rights of Persons with Disabilities）の採択を契機として、国際社会におけるインクルーシブ教育（第24条）の実現に向けた取組が加速している。我が国でも、平成26（2014）年1月に条約批准（140番目の締約国）を迎え、インクルーシブ教育システムを構築するための特別支援教育の充実が図られつつある。文部科学省（2012）は、「インクルーシブ教育システムにおいては、同じ場で共に学ぶことを追求する」とともに、「通常の学級、通級による指導、特別支援学級、特別支援学校といった、連続性のある『多様な学びの場』を用意しておくことが必要である」ことを指摘している。なかでも、特別支援学級が果たすべき役割は大きい。

　文部科学省（2017）によれば、小・中学校における特別支援学級の設置数及び在籍児童生徒は増加傾向（平成18〔2006〕年度から平成28〔2016〕年度までの10年間に学級数1.6倍、児童生徒数約2.1倍）を示しており、平成28（2016）年度には21万7839人（5万7228学級）が学んでいる。これは、特別支援学校、通級による指導を含む特別支援教育制度の対象者（義務教育段階）の過半数（56.3%）を占める。また、小学校（79.5%）、中学校（75.5%）の大多数が特別支援学級を設置している状況にある（平成28〔2016〕年5月現在）。

　「多様な学びの場」の提供に基づく日本型インクルーシブ教育を推進する上で、特別支援学級の教育的機能を十分に活用していくことが必要とされている。

（2）「交流及び共同学習」の積極的な推進

　その一方策として、「交流及び共同学習」の充実が図られてきた。「交流及び共同学習」を通して、「特別支援学校や特別支援学級に在籍する障害のある児童生徒等にとっても、障害のない児童生徒等にとっても、共生社会の形成に向けて、経験を広め、社会性を養い、豊かな人間性を育てる上で、大きな意義を有するとともに、多様性を尊重する心を育むことができる」（文部科学省、2012）。特に、特別支援学級における「交流及び共同学習」では、「日常の様々な場面で活動を共にすることが可能であり、双方の児童の教育的ニーズを十分把握し、校内の協力体制を構築し、効果的な活動を設定することなどが大切である」（文部科学省、2017）。つまり、特別支援学級は原則的に校内に設置されていることから、日常的な活動を共有しやすい環境にあり、相互の理解を深める機会を設定しやすい利点がある。

　平成29（2017）年3月に公示された新しい小学校、中学校学習指導要領（**表1**）においては、従来では、高齢者と合わせて示されていた対

表1　学習指導要領における「交流及び共同学習」の記載内容

【小学校学習指導要領（平成29年3月31日公示）】（第1章第5の2のイ） 　他の小学校や、幼稚園、認定こども園、保育所、中学校、高等学校、特別支援学校などとの間の連携や交流を図るとともに、障害のある幼児児童生徒との交流及び共同学習の機会を設け、共に尊重し合いながら協働して生活していく態度を育むようにすること。 《中学校学習指導要領：第1章第5の2のイ》
【小学校学習指導要領（平成20年3月28日公示）】（第1章第4の2の（12）） 　学校がその目的を達成するため、地域や学校の実態等に応じ、家庭や地域の人々の協力を得るなど家庭や地域社会との連携を深めること。また、小学校間、幼稚園や保育所、中学校及び特別支援学校などとの間の連携や交流を図るとともに、障害のある幼児児童生徒との交流及び共同学習や高齢者などとの交流の機会を設けること。 《中学校学習指導要領：第1章第4の2の（14）》

注）中学校学習指導要領（平成29年3月31日公示）においては、小学校学習指導要領の記述から、「小学校」と「中学校」の部分が入れ替わるとともに、文末が「態度を育むよう努めること」と記述されている。

象がより明確に区分されると同時に、単に連携や交流の機会設定を促す
だけでなく、共に尊重し合いながら協働して生活していく態度を育むと
いう主旨が鮮明にされた。今後、「交流及び共同学習」を効果的に実践
していくために、その現状と課題を改めて理解することが求められてい
る。

② 「交流及び共同学習」の現状と課題

（1）「交流及び共同学習」の状況

　国立特別支援教育総合研究所（2008）は、全国の小・中学校で特別支
援学級に在籍する児童生徒269人（48校）の「交流及び共同学習」の
実態を報告している。その結果、96%の児童生徒が「交流及び共同学
習」を行っており、1週間の平均時間数は9.66時間であった。児童生
徒の1週間の総授業時数に占める「交流及び共同学習」の時間数につい
ては、その割合が30%までの児童生徒が134人（49.8%）であるのに対
して、総授業時数の50%を超える児童生徒も71人（26.4%）みられた。
全授業時数の70%以上を特別支援学級で授業を受けている児童生徒が
約半数を占めるものの、かなりの時間「交流及び共同学習」を実施して
いるケースがみられる。

　また、教科ごとにみると、音楽（80.7%）、体育（47.7%）、図工・美術
（67.3%）といった実技系教科で高い割合が示される一方で、国語（24.9%）、
算数・数学（12.7%）、英語（12.7%）では低い割合にとどまっていた。
その理由としては、これらの教科が系統的・理論的な学習内容を中心に
展開されるため、日常的には取り組みにくい点があることが指摘されて
いる。この結果に関して、知的障害のない児童生徒に限定しても、国語
（59.8%）、算数・数学（74.1%）、英語（67.7%）の過半数が「交流及び共
同学習」を実施していないことが明らかとなり、より詳しい学習状況を

明らかにする必要性に触れられている。こうした状況については、その他の先行研究（遠藤・佐藤、2012；細谷、2011a）によっても、同様の傾向が示されている。教科や本人の障害の特性などにより、活動時間や内容の濃淡を示しつつも、特別支援学級における「交流及び共同学習」の取組が実技系教科を中心に積極的に実施されている現状がある。

（2）「交流及び共同学習」の目的・ねらいの設定

　ただし、愛媛県内の小学校（208学級）及び中学校（115学級）の特別支援学級担任を対象に調査した稲荷ら（2014）によれば、「交流及び共同学習」の「目的」として小・中学校ともに「特別支援学級の児童生徒の社会性を養う」（小85.0％、中80.9％）、「相互の触れ合いを通じて児童生徒の豊かな人間性を育む」（小71.8％、中76.5％）、「通常の学級の児童生徒が特別支援学級の生徒についての理解を深める」（小62.1％、中52.2％）が高い割合を示したが、「特別支援学級の児童生徒の教科のねらいを達成する」（小9.2％、中11.3％）は最も低かった。また、「成果」についても、「学習の理解が深まる」（小14.1％、中22.6％）との回答は最も少なかった。同様に、吉田・佐久間（2008）によっても、小学校における通常の学級（205人）、特別支援学級の担任（31人）の双方ともに活動の目的やねらいとして、過半数が「大きな集団で活動を体験させる」「社会性を養う」「他者と協調する態度を養う」を挙げたものの、「教科学習の能力を高める」はほとんどみられなかった。

　「交流及び共同学習」は、障害者基本法の一部改正（平成16〔2004〕年6月）により、従来の「交流教育」に代わって登場した用語であり（当時の第14条）、その後の改正（平成23〔2011〕年7月、第16条）にも引き継がれている。つまり、「交流及び共同学習」は、障害のある子供と障害のない子供が一緒に参加する活動を通して、①相互のふれ合いを通じて豊かな人間性を育むことを目的とする交流の側面、②教科等のねらいの達成を目的とする共同学習の側面を含み、両方の側面が一体とし

てあることをより明確に表したものとされる（文部科学省、2008）。しかし、「交流」の側面については、目的として明確に位置付けられている反面、「共同学習」の教科等のねらいの達成を目的とする側面は十分に意識されていない可能性がある。今日の「交流及び共同学習」の実践が、「交流」の側面に偏重しているとすれば、「共同学習」の側面に焦点を当てた目標設定と活動の在り方についても十分な検討が必要になる。

（3）「個別の指導計画」及び「個別の教育支援計画」の活用

　細谷（2011a）による小・中学校特別支援学級担任に対する調査（66人）では、「交流及び共同学習」の実施形態として日常交流（小80.9%、中68.8%）、行事交流（小97.9%、中93.8%）、教科交流（小95.7%、中87.5%）が行われていた。日常交流では、子供同士が触れ合う機会や自主的な活動が多く、親密さや相互理解が深まりやすいことが指摘されているが、その割合は全体的に低い傾向にあった。行方（2013）は、小学校の交流場面における集団参加や他者との関わりに関する事例研究を通して、朝の会などの集団規模の小さい日常交流から、規模の大きい行事交流への段階的な取組が有効であることを示唆している。また、高野・片岡（2014）は、小学校児童の「交流及び共同学習」における事前・事後指導が、適切な関わり合いを促進することを明らかにしており、単発的な指導ではなく、やはり日常的・継続的に相互の理解を深める学習の必要性を指摘している。

　小野（2014）が述べるように、継続的で充実した活動を推進するに当たり、①実施の頻度やスケジュール、②すべての児童生徒にとって有意義で楽しめる内容、③実際の活動の進め方等の実施計画といった観点からの検討が必要となっている。すなわち、綿密な計画性に基づく「交流及び共同学習」を展開するために、「個別の指導計画」ないし「個別の教育支援計画」における明確な位置付けが不可欠である。寺島（2008）が小学校46学級（36校）を対象に「交流及び共同学習」に関する指導

計画の作成状況を調査したところ、98％の学級が「交流及び共同学習」を実施するなか、「個別の指導計画」（74％）や「個別の教育支援計画」（28％）を立案していても、「交流及び共同学習」に関する指導計画を作成していたのはわずか（18％）であった。小・中学校の新学習指導要領（平成29年3月公示）において、「特別支援学級に在籍する児童や通級による指導を受ける児童については、個々の児童の実態を的確に把握し、個別の教育支援計画や個別の指導計画を作成し、効果的に活用するものとする」（小学校／第1章第4の2の(1)のエ）ことが示された。特別支援学級に在籍する児童生徒の指導計画の作成が義務化されるに伴って、それらに「交流及び共同学習」の視点も盛り込みながら、関係者が活動のねらいや内容を共有し、実践の効果を高める条件を吟味していくことが求められる。

3　特別支援学級担任教員における専門性の向上

　インクルーシブ教育の視点から、今後の特別支援学級の課題として「交流及び共同学習」を取り上げてきた。文部科学省は、2020年オリンピック・パラリンピック東京大会の開催を契機として、「学校における交流及び共同学習を通じた障害者理解（心のバリアフリー）の推進事業」（平成28〔2016〕年度予算81百万円）を展開するなど、スポーツや文化・芸術を通した「交流及び共同学習」をより積極的に進めようとしている。それらの取組を展開する上で、教員間の連携や周囲の障害理解といった課題も残されている。細谷（2011b）は、教科交流の事例研究を行い、通常の学級と特別支援学級の学習場面で獲得していくスキルに系統性を持たせる方法や、そのための教員間の情報交換の方法について検討すべきことを指摘した。また、田名部・細谷（2017）は研究動向の分析から、児童生徒の発達段階に合わせた系統的・継続的な障害理解教育が重要であるとともに、主体的に取り組める授業や体験・知識を学習する機会を

併せた授業が効果的であることを明らかにしている。

　こうした多様な課題の改善策として、特別支援教育に関する専門性の向上に対する期待は大きい。文部科学省（2012）は、「特別支援学級や通級による指導の担当教員は、特別支援教育の重要な担い手であり、その専門性が校内の他の教員に与える影響も極めて大きい」ことを述べ、研修の受講等により、専門性の確保・向上を図るべきことに言及している。実際に、全国の特別支援学級担当教員の特別支援学校教諭免許状保有率は、約3割（小32.6%、中27.0%、合計30.9%；平成28〔2016〕年度）にとどまっており、特別支援教育の本格実施時（小34.2%、中28.6%、合計32.4%；平成19〔2007〕年度）からの変化はほとんどみられない（文部科学省、2017）。また、岐阜県の状況を分析した安田・兒玉（2015）によれば、毎年、県内の特別支援学級担任全体の約20%が異動していることに加え、担任としての経験年数が3年未満の教員の割合が高く（小36%、中52%）、専門性の確保が困難な背景もある。「交流及び共同学習」の充実を目指し、学校全体での取組に基づく実践的課題の解決にとどまらず、研修機会の確保や人事異動といった教育行政における工夫・配慮も検討されなければならない。

【参考文献】
遠藤恵美子・佐藤慎二（2012）「小学校における交流及び共同学習の現状と課題－A市の通常学級担任と特別支援学級担任への質問紙調査を通して」『植草学園短期大学研究紀要』13、pp.59-64
細谷一博（2011a）「小学校及び中学校特別支援学級における交流及び共同学習の現状と課題－函館市内の特別支援学級担任への調査を通して」『北海道教育大学紀要（教育科学編）』62（1）、pp.107-115
細谷一博（2011b）「小学校特別支援学級に在籍する児童の教科交流時における学習過程に関する実践記録」『発達障害支援システム学研究』10⑵、pp.109-116
稲荷邦仁・蒲池慎一・信藤昭子・客野美保・宮本祥恵（2014）「交流及び共同学習における教師間の連携の在り方に関する研究－特別支援学級と通常の学級の連携に関する実態調査の分析を通して」『愛媛県総合教育センター研究紀要』81、pp.38-48
国立特別支援教育総合研究所（2008）「『交流及び共同学習』の推進に関する実際的研究」プロジェクト研究成果報告書
文部科学省（2008）「交流及び共同学習ガイド」、[online] http://www.mext.go.jp/a_

menu/shotou/tokubetu/010/001.htm（2017年6月19日閲覧）

文部科学省（2012）「共生社会の形成に向けたインクルーシブ教育システム構築のための特別支援教育の推進（報告）」中央教育審議会初等中等教育分科会

文部科学省（2016）「特別支援教育資料（平成28年度）」初等中等教育局特別支援教育課

文部科学省（2017）「小学校学習指導要領解説　総則編」[online] http://www.mext.go.jp/a_menu/shotou/tokubetu/010/001.htm（2017年6月23日閲覧）

行方桃子（2013）「特別支援学級に在籍する児童を対象とした学校生活の交流場面における他者とのかかわりを促すための支援方法に関する事例的研究」『発達支援研究』17、pp.7-9

小野智弘（2014）「中学生の障害児との交流及び共同学習に対する意識－3年間の継続的な取り組みの成果」『宮崎大学教育文化学部附属教育協働開発センター研究紀要』22、pp.39-52

高野秀幸・片岡美華（2014）「交流及び共同学習の在り方に関する実践的研究－事前事後学習を大切にした取り組み」『鹿児島大学教育学部教育実践研究紀要』23、pp.105-114

田名部沙織・細谷一博（2017）「障害理解教育の変遷と今後の課題－実践を中心とした今後の展望」『北海道教育大学紀要（教育科学編）』67(2)、pp.93-104

寺島啓行（2008）「交流及び共同学習における担任間の連携についての一考察－よりよい交流及び共同学習の展開を目指して」『福島県養護教育センター研究紀要』22、pp.48-51

安田和夫・兒玉哲也（2015）「特別支援教育に携わる教員の専門性向上を支援する体制づくり－岐阜大学教育学部との連携協働による取組を中心に」『岐阜大学教育学部教師教育研究』11、pp.11-20

吉田恵美子・佐久間宏（2008）「小学校における交流教育に関する研究－教員及び保護者へのアンケート調査を通して」『宇都宮大学教育学部教育実践総合センター紀要』31、pp.325-332

第 6 章

これからの特別支援学校の取組課題（センター的機能）

兵庫教育大学大学院 准教授

石橋由紀子

はじめに

これまでも、特別支援学校は障害のある子供への指導の専門性を生かし、特別支援教育に関するセンター的機能を発揮してきた。このセンター的機能は、我が国が向かおうとしているインクルーシブ教育システムにおいては、さらなる充実が求められるだろう。これまでに培ってきた障害についての指導の専門性、地域支援のノウハウや連携関係に基づき、「これから」を見据えた展開が求められている。

① 法的位置付け

平成19（2007）年に一部改正された学校教育法第74条において、「特別支援学校においては、第72条に規定する目的を実現するための教育を行うほか、幼稚園、小学校、中学校、高等学校又は中等教育学校の要請に応じて、第81条第1項に規定する幼児、児童又は生徒の教育に関し必要な助言又は援助を行うよう努めるものとする。」と記され、特別支援学校が地域のセンター的機能を果たすことが明示されている。

次に、学習指導要領における記述を見てみよう。平成29（2017）年4月に公示された「特別支援学校小学部・中学部学習指導要領」においては、「第1章　総則」「第6節　学校運営上の留意事項」において、以下のように記されている。

> 小学校又は中学校等の要請により、障害のある児童若しくは生徒又は当該児童若しくは生徒の教育を担当する教師等に対して必要な助言又は援助を行ったり、地域の実態や家庭の要請等により保護者等に対して教育相談を行ったりするなど、各学校の教師の専門性や施設・設備を生かした地域における特別支援教育のセンターとしての役割を果たすよう努めること。その際、学校として組織的に取り組むことができるよう校内体制を整備するとともに、他の特別支援学校や地域の小学校又は中学校等との連携を図ること。

　また、幼稚園、小学校、中学校、高等学校の学習指導要領においても特別支援学校のセンター的機能の活用に関する記述がある。平成29（2017）年3月に公示された小学校学習指導要領では、「第1章　総則」「第4　児童の発達の支援」「2　特別な配慮を必要とする児童への指導」「(1)障害のある児童などへの指導」において、以下のように記されている。

> 　障害のある児童などについては、特別支援学校等の助言又は援助を活用しつつ、個々の児童の障害の状態等に応じた指導内容や指導方法の工夫を組織的かつ計画的に行うものとする。

2　センター的機能とは

　では、センター的機能とは具体的にどのような内容を指すのだろうか。これについては、中央教育審議会「特別支援教育を推進するための制度の在り方について（答申）」（平成17年12月）において6項目から整理されており（**表1**）、これを参考にしながら各学校が学校や地域の実情に応じて展開していくものとされている。

表1　センター的機能の具体的内容

```
① 小・中学校等の教員への支援機能
② 特別支援教育等に関する相談・情報提供機能
③ 障害のある幼児児童生徒への指導・支援機能
④ 福祉、医療、労働などの関係機関等との連絡・調整機能
⑤ 小・中学校等の教員に対する研修協力機能
⑥ 障害のある幼児児童生徒への施設設備等の提供機能
```

〔出典〕中央教育審議会「特別支援教育を推進するための制度の在り方について（答申）」（平成17年12月）

　さらに、平成24（2012）年7月に報告された初等中等教育分科会特別支援教育の在り方に関する特別委員会「共生社会の形成に向けたインクルーシブ教育システム構築のための特別支援教育の推進（報告）」では、

上記の六つの機能に加え、特別支援学校へのさらなる期待が記述されている（4．多様な学びの場の整備と学校間連携等の推進（2）学校間連携の推進）。

> 　特別支援学校は、小・中学校等の教員への支援機能、特別支援教育に関する相談・情報提供機能、障害のある児童生徒等への指導・支援機能、関係機関等との連絡・調整機能、小・中学校等の教員に対する研修協力機能、障害のある児童生徒等への施設設備等の提供機能といったセンター的機能を有している。今後、域内の教育資源の組合せ（スクールクラスター）の中でコーディネーター機能を発揮し、通級による指導など発達障害をはじめとする障害のある児童生徒等への指導・支援機能を拡充するなど、インクルーシブ教育システムの中で重要な役割を果たすことが求められる。そのため、センター的機能の一層の充実を図るとともに、専門性の向上にも取り組む必要がある。
> 　域内の教育資源の組合せ（スクールクラスター）や特別支援学校のセンター的機能を効果的に発揮するため、各特別支援学校の役割分担を、地域別や機能別といった形で、明確化しておくことが望ましく、そのための特別支援学校ネットワークを構築することが必要である。

　つまり、今後のセンター的機能には、地域の教育リソースを見渡しコーディネートすること、特別支援学校が地域のリソースとしてさらに活躍すること、リソースの専門性を高めていくこと等が求められている。

3　特別支援学校のセンター的機能の今後の課題

　特別支援学校のセンター的機能は、年間の相談件数が数百件にのぼる学校も決して少なくないことを考えると、すでに地域においてなくてはならない存在として定着していると言えよう。

　しかし、特別支援教育が本格的に実施されておおよそ10年、多くの学校が実施しているセンター的機能が抱える課題には、いくつかの共通項があるように思われる。

　地域支援を任されたとき、まず担当者が願うことは、自身のスキルアップであろう。当初は、保護者から教育相談を受けることも、研修会で話すことも怖い。だから、質問に的確に応じることができるよう、自分自身のスキルアップのために、先輩の先生の技を学び、週末には研修会に出かけ、ケース会議等を通じて関係者との連携関係をつくる。こうした努力と人脈、次々に飛び込んでくる依頼によって、どんどん専門性は高まっていく。しかし、気付けば、地域支援が校内の誰も代わることができない、「私にしかできない」仕事になってしまいはしないだろうか。

　地域支援を考えるとき、地域支援担当者に「任せる」のではなく（裏を返せば、地域支援担当者も自身が請け負うことばかりを考えることなく）、「協働」することの重要性を認識し、そのための仕組みを当初から織り込んでいくことが大切だと思う。

　これらの課題を認識し、すでにうまく仕組みをつくっている学校がある一方で、次の一歩を踏み出せずにいる学校も多くある。以下は関係者と「協働」しながらセンター的機能を実現していくためのポイントを整理したものである。

（1）地域支援活動の周知

　地域支援を行うためには、まず地域支援や教育相談を担当する部や担当者、支援内容、支援方法等を校内外に対して周知することが求められる。地域支援活動の「周知」は、校外の機関や学校、保護者に対して、ホームページやお便り、挨拶回り、研修会等の機会を捉えて行われる。まずは地域支援担当者の顔を知ってもらうことが、地域との関係をつくっていく第一歩になろう。

　こうした校外に向けての周知に加え、校内への周知も、後継者育成、校内と連携した地域支援活動の実現において、極めて大切になってくる。

　特別支援学校は、特別支援学校に在籍する児童生徒のみならず、地域の児童生徒に対しても、その専門性を生かして特別支援教育のセンター

的機能を果たすことが求められている——このことが、特別支援学校の管理職、校内の教職員に理解されているだろうか。地域における特別支援学校の役割の意義と期待を管理職が十分に理解し、校内の教職員に対して折に触れて説明できているだろうか。地域支援の担当者は、活動を校内の教職員に理解してもらえるように、可能な限り知らせているだろうか。校内の教職員は、地域支援の担当者が地域支援に出向くときに「行ってらっしゃい」と気持ちよく送り出しているだろうか。

　地域支援は担当者のみの課題ではなく、校内の教職員全員に求められた役割と期待である、という共通理解は大切である。

（2）校内の教職員との協働関係

　地域支援の担当者が主に地域支援を担うにしても、地域支援において、可能な限り校内の教職員の専門性や経験を生かすことが大切である。例えば高等学校から障害のある生徒の進学や就労について相談があった場合に、特別支援学校の進路指導担当者も同席する、といった具合である。特別支援学級の研究授業に向けた相談に特別支援学校の教員が乗ることなども考えられる。校内の教職員にとって、相手からニーズを「聞き取り」、指導の考え方やノウハウを「整理」して「伝える」ことを通して、双方の専門性が高まることが期待される。校内の教職員が地域支援を身近に感じながら活動する機会を設定することも重要である。

　特別支援学校のコーディネーターが、地域からのニーズと校内のリソースをうまくつなぐ「コーディネート」役を担うことが、一つの理想の形ではないだろうか。

（3）他の学校・機関との連携

　将来を考えれば、他の特別支援学校、小中学校等や関係機関との多くのパイプをつくることは重要である。特別支援学校を通じて、その他のリソース（例えば、障害種別の異なる特別支援学校や療育機関等）にも

有機的につながっていくことができる。特別支援学校同士がより広域で連携していくためには、都道府県教育委員会による方策が重要であろう。

（4）地域の学校の力量アップ

「小中学校の自立を促す支援」は、地域支援への要請が拡大している現状においては、考えなければならない課題である。そのために、特別支援教育コーディネーターの力量アップに向けた研修会を設定するのか、ケース会議の運営の仕方を支援していくのか、障害種別や地域の状況等によって講じる策は異なる。しかし、相談一つ一つに対して丁寧に答えていくことに加えて、地域の学校園において課題を解決するための策を検討し、実施するという視点も重要である。

まとめ

特別支援学校のセンター的機能は、インクルーシブ教育の時代には、さらなる機能拡充を求められるだろう。学校によって、おかれている状況や歴史、人員等がすべて異なるため、一律の方法はない。ただ、言えることは、特別支援学校の内外において地域支援の理解者、協力者を多くつくること、あるべき姿に向けた策を講じ、その効果を見定めながら次の策へと生かす、つまり PDCA サイクルの視点は極めて重要である。

【参考文献】
文部科学省「特別支援学校小学部・中学部学習指導要領」（平成 29 年 4 月）
文部科学省「小学校学習指導要領」（平成 29 年 3 月）
中央教育審議会初等中等教育分科会特別支援教育の在り方に関する特別委員会「共生社会の形成に向けたインクルーシブ教育システム構築のための特別支援教育の推進（報告）」（平成 24 年 7 月）
中央教育審議会「特別支援教育を推進するための制度の在り方について（答申）」（平成 17 年 12 月）

第 **7** 章

これからの園長・校長の取組課題 （意識改革とシステム改革）

岡山大学大学院 教授

仲矢明孝

① 意識改革

（1）園長・校長自らの研修と求める姿のイメージ化

インクルーシブ教育システムに対する教職員、保護者、地域の人々等の意識を変えるには、まず、園長・校長自身が、共生社会の形成に向けたインクルーシブ教育システムの理念とそのシステム構築のために特別支援教育を推進する必要性を深く認識することが必要である。

① 共生社会とインクルーシブ教育システム

共生社会について、文部科学省（2012）は、「これまで必ずしも十分に社会参加できるような環境になかった障害者等が、積極的に参加・貢献していくことができる社会である。それは、誰もが相互に人格と個性を尊重し支え合い、人々の多様な在り方を相互に認め合える全員参加型の社会である」としている。このような社会を実現するには、地域社会の人々の理解と関与が不可欠である。コミュニティ・スクールや学校支援地域本部等を核とし、保護者、障害者関係団体、NPO 等との連携・協働をさらに広げ、地域において「共に生きる」ことを推進していくことが求められる。

また、インクルーシブ教育システムについては、「障害者の権利に関する条約」の第 24 条に、障害のある者が教育制度一般から排除されないこと、自己の生活する地域において初等中等教育の機会が与えられること、個人に必要な「合理的配慮」が提供されること等が示されている。一方、平成 6（1994）年のサラマンカ声明では、インクルーシブ教育を障害のある子供のみならず、社会・文化的な不利益を被っている子供等、すべての特別な教育的ニーズのある子供を広く包摂する教育とされている。また、文部科学省（2012）は、「インクルーシブ教育システムにおいては、同じ場で共に学ぶことを追求するとともに、個別の教育的ニー

ズのある幼児児童生徒に対して、自立と社会参加を見据えて、その時点で教育的ニーズに最も的確に応える指導を提供できる、多様で柔軟な仕組みを整備することが重要である」としている。

　このように、インクルーシブ教育システムは、共生社会の形成に向け、特別な教育的ニーズのある者とない者が共に学ぶ仕組みであり、障害の有無やその他の違いを認め合いながら共に学ぶことを追求すること、個々の教育的ニーズに最適な教育内容や学びの場を提供すること等が求められる。また、インクルーシブ教育システム構築に向けた特別支援教育の推進により、「個人の価値を尊重する態度や自他の敬愛と協力を重んずる態度を養うことが期待できる」（文部科学省、2012）とされているなど、特別な教育的ニーズのある子供のみならず、すべての子供にとって高い教育効果をもたらすものである。

② **具体的な姿をイメージして描くこと**

　インクルーシブ教育システムの意義や重要性を踏まえ、学校園内の教職員と共にその構築に向けた取組を検討するには、インクルーシブ教育システムが構築されたときの具体的な姿を共有することが重要である。教育課程についてみるならば、特別支援教育の教育課程に対する教職員の理解を促すために、通級による指導や特別支援学級の教育課程に関する基本的な考え方等を示すことも必要であろう。

　さらに、学校園内のみならず、地域の他の教育機関や地域の施設、住民等の状況を把握し、その地域においてインクルーシブ教育システムが構築されたときの理想的な姿を具体的に描くことも重要である。インクルーシブ教育システムの構築には、今後解決すべき課題が多く、構築されたときの姿を具体的にイメージすることは容易でないが、園長・校長自ら研修を深めるとともに、地域の実情を的確に把握する中で、将来像を少しずつ具体化していくことが求められる。

（2）個と組織に伝えること

① 個々の意識に触れること

　インクルーシブ教育システムの考え方等を教職員に伝え、意識変革を求めるには、一般的な意義や重要性等を説明するだけでは十分とは言えない。説明により、教職員がその本質的意義や重要性をどのように理解し受け止めるかは、関心や意識等が異なる教職員個々に委ねられるのであり、受け止め方も様々であろう。教職員の意識変容を期待するには、教職員が現在強く意識している自己課題と関連させて伝えることが効果的と考える。さらに、伝える内容を図に表して具体性を持たせるなど、より伝わりやすくするための工夫も必要であろう。

② 個と集団の意識化

　文部科学省（2016）は、これからの教育課程には、社会の変化に目を向け、社会の変化を柔軟に受け止めていく「社会に開かれた教育課程」としての役割が期待されていること、このような教育課程の実施に当たっては、地域の人的・物的資源を活用したり、社会教育との連携を図ったりして、学校教育を学校園内に閉じることなく、その目指すところを社会と共有・連携しながら実現させることの必要性を指摘している。

　筆者の関与する特別支援学校では、幼児児童生徒一人一人の自立と社会参加を目標とした教育が行われている。子供たちの自立する姿は一人一人異なっており、個々の自立する姿を具体的に描き、その実現に向けた教育が営まれる。このような自立と社会参加を目指して行う特別支援教育は、「社会に開かれた教育課程」の考えに沿ったものと言える。

　現在、通常の学級においても特別な教育的支援を要する幼児児童生徒が在籍している可能性は高い。各学校園で行われる授業研究や校内委員会、ケース検討会等で個々の子供について語り合うことは、特別な教育的支援の必要な子供たち一人一人の自立と社会参加、学びの質、学びの場、学びを促す方法等について語り合うことでもある。一方で、教職員

の意識の中で大きな位置を占めているのは日々の授業、子供の指導・支援に関することであり、授業研究やケース検討会等に対する教職員の意識は高い。したがって、これらの授業研究会やケース検討会等の研修とインクルーシブ教育システムを関連させることで、教職員の認識の深まりが期待できるのであり、これらの研修等は教職員の意識変革にとって非常に有効な場と言える。さらに、そのような場で他の教職員と語り合うことにより、考え方の共通点や相違点に気付き、新たな発見をし、お互いの考えを認め合い共有することが可能となるのであり、個の意識が集団の意識へ、組織化へとつながっていくと考える。

2　システム改革

（1）学校経営計画への明確な位置付け

　システム改革に当たり、まず大切なことは、インクルーシブ教育システムの構築に向けた基本的な考え等を、学校経営計画に明確に位置付けることである。文部科学省（2016）は、インクルーシブ教育システムの構築に必要な考え方として、①障害のある子供の教育の充実を図ること（障害のある子供の能力や可能性を最大限に伸ばすこと）、②地域の同世代の子供や人々との交流等を通して地域での生活基盤を形成すること、③障害者理解を推進することの3点を示している。また、前述したように、現在「社会に開かれた教育課程」の具現化と実践が求められており、各学校園ではこれらの考え等を踏まえながら、組織等のシステム改革を進めることが必要である。

（2）校内委員会の機能化

　インクルーシブ教育システムを構築するには、必要な組織を整えて効果的に運用する必要がある。前述したインクルーシブ教育システムの構

築に必要な三つの考え方（①個々の能力等の伸長、②地域での生活基盤の形成、③障害者理解）等を踏まえると、特別支援教育の推進とともに、地域の様々な機関や人々とのつながりを強化する組織を整備し、それを機能的に運用できるシステムにすることが必要と考える。その際、特に重要な役割を果たす校内組織は、子供たちの障害による学習上又は生活上の困難の状態や教育的ニーズの把握、必要な支援内容や評価等の検討を行う校内委員会であろう。文部科学省の調査によると、公立の学校園における校内委員会の設置率は99.4％（平成28〔2016〕年9月1日現在）であり、今後は、整備されたこの組織を効果的に機能させることが課題となっている。そのため、「発達障害を含む障害のある幼児児童生徒に対する教育支援体制整備ガイドライン」（文部科学省、2017）に示されているように、各学校園の規模や実情等を踏まえ、既存の学校園内組織（生徒指導部会等）に校内委員会の機能を持たせたり、それらの組織との関係を明確に示したりすること等も考えられる。また、校内委員会の構成員については、園長・校長が学校園の実態に応じて方針を定め、校内委員会を機能させるために必要な人を判断し、決定することとなる。

（3）特別支援教育コーディネーター

① 特別支援教育コーディネーターの役割と指名

　インクルーシブ教育システムの構築には、校内委員会・校内研修の企画・運営、関係機関・学校との連絡・調整、保護者の相談窓口等の役割を担い、各学校園の特別支援教育を推進する特別支援教育コーディネーターの果たす役割が極めて大きい。文部科学省の調査によると、公立学校園における指名率は99.4％（平成28〔2016〕年9月1日現在）であり、今後は、特別支援教育コーディネーターをいかに機能させるかが課題となっている。そこで、特別支援教育コーディネーターを校務分掌に明確に位置付けるとともに、学校園内の教職員や保護者にその役割を明示し、組織的に機能させることが必要である。特別支援教育コーディネー

ターの指名については、特別支援教育に関する専門性が高く、様々な人や機関等をつなぐコーディネート力を有するとともに、専ら特別支援教育コーディネーターの業務に従事できる人を指名すること、さらに、従事しやすい環境を整えるような組織運営をすることが重要である。また、機能強化や人材育成（引継ぎ等）を意図し、特別支援学校で多く行われている複数指名にすることも考えられる。

② **学校園外の人々とのつながり**

インクルーシブ教育システムの構築には、学校園内のみならず、学校園外の機関等との連携が不可欠である。学校園が立地する地域の教育機関を中心とし、その他の様々な組織、卒業後の進路に関わる機関等、その種類や数は非常に多い。現実には、現在、在籍している学校園の子供に直接関わる人々や機関等と連携することになるが、「個々の能力等の伸長」「生活基盤の形成」「障害者理解」を実現しようとするには、それら以外の人々や機関等とのつながりも重要となる。各学校園では、教育の目的や方針、実態等に基づいて、地域にある必要な資源を選択して活用するのであり、地域にあるものすべてが教育的資源につながる可能性を秘めているとも言えよう。

学校園外の人々とつながりを持つことは非常に重要であり、その役割を主に担うのは特別支援教育コーディネーターと考えられる。しかし、1人でその役割を果たすのは困難であろう。各学校園では従来から、地域の様々な機関や組織とのつながりや関わりを持ってきており、今後、その重要性はさらに増すことが予想される。ある特別支援学校では、10年以上前から、毎週、中学部の通常の作業学習の時間に、地域の婦人部の人々が授業に参加してサポートを続けている。さらに、その学校は近くの公民館ともつながりを持ち、中学部生徒は地域の人たちと共に公民館のクラブ活動に参加したり、中学部や高等部の生徒は作業製品を販売したりするなど、公民館を活用して個々の能力等の伸長や生活基盤の形成を図ると同時に、地域の人々の児童生徒理解の推進にもつながってい

る。このような取組が可能となっている背景として、その学校の管理職が公民館の事業計画等を検討する運営委員会に出席したり、地域の交通安全協力役員として会議に参加したりするなど、普段から地域の人々とのつながりを持っていることが挙げられる。

③ 教職員一人一人がコーディネーター

　学校園内のみならず学校園外の人々とのつながりを持つために重要な役割を担うのは管理職や特別支援教育コーディネーター等であろうが、その人たちの負担を軽減し、つながりを効果的に深めるシステムにすることが必要である。子供一人一人の能力等の伸長や周囲の人々の障害者理解を促すには、教職員一人一人が、他の人々とのとつながりを持つことの必要性を認識すること、全教職員がコーディネーターの役割を担っていると認識することが重要と考える。教職員の「インクルーシブ教育システム」「社会に開かれた教育課程」に対する意識が高まるならば、子供たち一人一人の自立と社会参加に向けたより広く深い学びを引き出す可能性も高まってくる。園長・校長は、このことに関する教職員の認識を促す取組をすることも必要であろう。

　また、特別支援学校においては、地域とのつながりを重視し深めるために、地域支援コーディネーター（仮称）を指名し、地域の様々な組織や活動を把握し、地域の教育的資源活用及び障害者理解推進の役割を担うようにしている学校も見られる。

（4）個別の教育支援計画・個別の指導計画の作成と活用・管理

　平成29（2017）年3月に公示された小学校学習指導要領において、通常の学級では特別な教育的支援を必要とする児童生徒については、個別の教育支援計画と個別の指導計画を作成し活用することに努めること、通級による指導と特別支援学級においてはこれらを作成し活用することが示された。このうち、幼児期から学校卒業後までの一貫した支援を行うために有効とされる個別の教育支援計画については、特別な教育

的支援を要する子供に提供される「合理的配慮」の内容を明記し、引き継いでいくことになるのであり、誰が作成するのか、校内委員会の中でどのように扱うのか等を明確に示しておくことが必要である。また、学校生活や各教科等における指導の目標や内容、配慮事項等を示す個別の指導計画については、学級担任等、すべての教員が作成する可能性のあることを伝えておくことも必要である。なお、これらの計画は、子供たちに最適な支援を行うためのものであり、作成自体が目的ではない。計画に沿って実施するとともにその結果を評価し、必要な修正・改善を行うことが重要であり、園長・校長はこれらの計画が機能していることを確認するとともに、機能させる必要な取組をすることが求められる。

　個別の教育支援計画には多くの個人情報が含まれており、本人や保護者の同意なく、第三者に提供することができないため、計画の作成段階で、個別の教育支援計画作成の目的等を本人や保護者に説明しておくことが必要である。第三者に提供することに関して、提供する範囲を明確に示して確認し、同意を得る必要がある。個別の指導計画についても、個人情報の保護に十分配慮し、情報の適切な保存・管理を行った上で、必要な情報等を引き継ぐようにしなければならない。必要な支援内容等を確実に引き継ぎ、活用できるようにするために、個人情報の管理に対する教職員の意識化、及び、情報等の扱いに関する校内の規則や手続き等を明確に定め、運用することが重要である。

【参考文献】
国立特別支援教育総合研究所（2016）「小学校・中学校管理職のための特別支援学級の教育課程編成ガイドブック－試案－」
是永かな子（2016）「障害者権利条約と特別支援教育」吉利宗久・是永かな子・大沼直樹共編著『新しい特別支援教育のかたちインクルーシブ教育の実現に向けて』培風館、pp.16-17
文部科学省（2012）「共生社会の形成に向けたインクルーシブ教育システム構築のための特別支援教育の推進（報告）」中央教育審議会初等中等教育分科会
文部科学省（2016）「幼稚園、小学校、中学校、高等学校及び特別支援学校の学習指導要領等の改善及び必要な方策等について（答申）」
文部科学省（2017）「小学校学習指導要領」「中学校学習指導要領」

文部科学省（2017）「発達障害を含む障害のある幼児児童生徒に対する教育支援体制整備ガイドライン」

文部科学省（2017）「平成28年度特別支援教育体制整備状況調査結果について」初等中等教育局特別支援教育課

冨永光昭（2004）「『障害』・『発達』・『特別なニーズ』把握の教育学的原則」藤井聰尚編著『特別支援教育とこれからの養護学校』ミネルヴァ書房、pp97-99

第 **8** 章

これからの教育委員会の取組課題

岡山県教育庁特別支援教育課 指導主事

村上直也

はじめに

　岡山県では第2次教育振興基本計画を策定し、「心豊かに、たくましく、未来を拓く」人材の育成を掲げ、魅力ある学校づくりの推進、学びのチャレンジ精神の向上、家庭・地域の教育力の向上の三つの柱を重点に施策を展開している。特別支援教育については、第2次岡山県特別支援教育推進プランに基づき、特別な支援を必要とする児童生徒の自立と社会参加を目指すことができる施策を展開している。そこで、施策を三つの柱で整理し、インクルーシブ教育システムの構築を目指した動きを紹介する。

① 一人一人の教育的ニーズに応じた教育

　一人一人の教育的ニーズに応じた教育を進めていくことはとても大切なことである。しかし、何のために一人一人の教育的ニーズに応じるのかを考えておくことは必要である。そこで、**図1**のように体系的に整理し、その施策がどこに位置付けられているか、どこに向かおうとしているのかを明示した。

（1）幼稚園・小学校・中学校・高等学校

　特別な支援を必要とする幼児児童生徒数は年々増加をしている。また、多様な学びの場としての通級による指導等の在籍者数も年々増加している。特に自閉症・情緒障害特別支援学級は顕著であり、これらの対応に向けていくつかの施策を行っている。ここでは主な事業を紹介する。

①　一人一人が笑顔に！就学前からの発達支援事業

　目的：乳幼児検診等に加え、4歳児の段階で、幼稚園等の集団生活の場において、特別支援学校教員等の専門的人材がアセスメントを行うことで、発達障害等の可能性のある子供を的確に把握し、個に応じた指導・支援を早期から適切に開始することにより、特別な支援を必要とする子

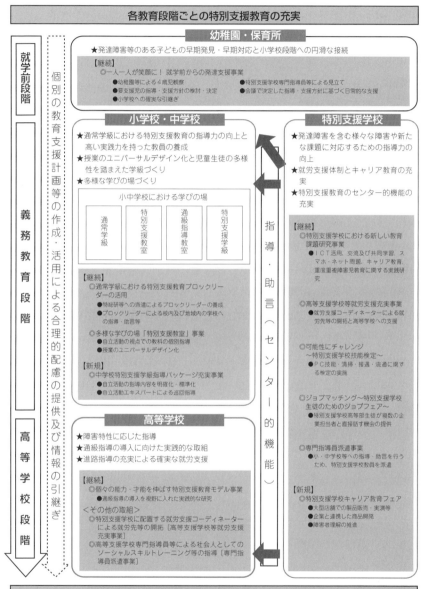

図1　各校種別施策の概要

供の集団への適応力を高め、就学後の学校において落ち着いた学習環境を実現させること。

　方法：就学前支援コーディネーターを特別支援学校の３校に配置し、幼稚園等において、４歳児を対象に実態把握を行い、適切な支援を助言する。

　成果：３歳児検診等で把握できなかった発達障害等の可能性のある子供を抽出することや、幼稚園等と一緒に子供の見立てや支援の手立てを考えることができた。

　課題：適切な学びの場を選ぶことのできる就学を行い、幼稚園等で行われていた支援を小学校に確実につなげる必要があること。

② 多様な学びの場「特別支援教室」事業

　目的：通常学級に在籍する児童生徒に「特別支援教室」という場で自立活動の視点を持った教科の取り出し指導を実施することと同時に、その児童生徒が在籍する通常学級で特別支援教育の観点を取り入れた授業づくりを推進すること。

　方法：１対１で自立活動の視点を持った教科の取り出し指導を行う。通常学級において授業のユニバーサルデザインの考え方を取り入れた授業づくりを行う。

　成果：予習の取組を行うことによって通常学級の授業で自信を持って挙手するなど主体的な学びが実現した。対象となる児童生徒の教科のつまずきの状況や傾向を分析することで他の児童生徒の分析もできるようになり、適切な個への支援が充実してきた。授業のユニバーサルデザイン化の研究を通じて、その学級だけでなく、学校の全教員の授業改善につながった。

　課題：対象とする児童生徒の終了の見極めが難しいこと。

③ 中学校特別支援学級指導パッケージ充実事業

　平成29（2017）年度からの新規事業である。事業開始の理由は、小学校に比べて、中学校では自閉症・情緒障害特別支援学級を指導する教

員の経験年数が比較的浅かったり、小学校とは違う指導内容が求められたり、教員の専門性向上が課題として挙げられたからである。

　目的：発達障害のある生徒への指導の参考となる基本的な指導パッケージの作成をし、中学校特別支援学級の指導内容の標準化と教員の指導力向上を図る。

　方法：自立活動エキスパートを配置し、中学校の特別支援学級（主に自閉症・情緒障害特別支援学級）を巡回し、授業参観を行い、協議を行う。指導パッケージ作成委員会を設置、指導パッケージを作成する。

④　**個々の能力・才能を伸ばす特別支援教育モデル事業**

　目的：平成30（2018）年度の高等学校における通級による指導の制度化に向け、就職する生徒にとっての最後の学び場となる高等学校において、発達障害等のある生徒の主体的な取組を支援するという視点に立ち、障害の状態の改善又は克服を目的とする自立活動等について、高等学校においても実施できるよう「特別の教育課程」の編成に関する研究を実施するとともに、授業のユニバーサルデザイン化による一斉授業における理解しやすい授業づくりや個別の配慮のある授業改善に関する研究を実施することで、高等学校における特別支援教育の充実を図る。

　方法：障害に応じた特別の指導（自立活動）の指導内容の検討と一斉授業の改善工夫を行う。

　成果：自己理解や社会性等に関わる指導内容の実践を蓄積することができ、合わせて出身中学校との情報連携ができるようになった。

　課題：就労に向けたキャリア教育の視点での指導内容のより一層の蓄積を行い、専門性のある教員の養成を行うこと。

⑤　**高等支援学校等就労支援充実事業**

　目的：発達障害等の生徒が自立し、社会参加を図るためには、高等学校段階におけるキャリア教育・職業教育を推進し、福祉や労働等の関係機関と連携しながら就労支援を充実することが必要である。その際に、障害者就労に関するノウハウを有する特別支援学校のセンター的機能を

活用しながら、他機関と連携し、高等学校段階のキャリア教育の充実を図る。

方法：特別支援学校に配置している就労支援コーディネーターを必要に応じて高等学校に派遣する。

成果：就労支援コーディネーターの職場開発等を通して障害者雇用で就職した生徒がいた。障害者雇用を含めた高等学校内の就職に対する支援体制が構築された。

課題：取組時期を早期から行うことや当事者・保護者の障害者雇用の理解を促すこと。

（2）特別支援学校

特別支援学校では、ここ数年高等部の生徒が増加しており、中でも軽度知的障害の生徒が顕著である。また、義務教育段階では、障害の程度が重度化しており、中でも医療的ケアを必要とする児童生徒が増加している。こうした様々な課題を受け、事業を展開している。

① 特別支援学校における新しい教育課題研究

目的：特別支援学校において、インクルーシブ教育システムの構築を進める中で、新しい教育課題への対応が求められていることから、成果と課題を特別支援学校で共有することを目的とする。

方法：「小学部・中学部のキャリア教育の充実」「ICT の活用」「交流及び共同学習」「スマホ・ネット問題」「重度重複障害のある児童生徒の教育の充実」のテーマに応じて研究を進める。

成果：研究で得られた成果と課題を県内の特別支援学校で共有することができた。

課題：研究で得られた成果と課題を他校で生かすこと。

② 専門指導員派遣事業

目的：幼稚園等に在籍する、発達障害を含め特別な支援を必要とする幼児児童生徒に対する課題が多様化、複雑化している現状に対応し、学

校等が一人一人の教育的ニーズに応じた支援ができるよう、要請に応じて専門指導員を派遣し、支援を行うことで、支援体制を含め特別支援教育の推進に資する。

方法：特別支援学校の教員を専門指導員として任命し、幼稚園等の依頼によって当該校に派遣する。

成果：派遣することにより、幼児児童生徒のケースの理解を含め、特別支援教育の考え方が浸透してきている。

課題：特別支援教育の観点を取り入れた授業づくりに対する要請に関わる特別支援学校の専門性の向上。

③　**特別支援学校キャリア教育フェア（平成 29 年度から実施）**

目的：「社会に開かれた教育課程」は学びの場を社会と共有することである。特別支援学校の作業学習等の製品を企業と連携して開発・改良し、教育課程を改善するとともに、キャリア教育フェアに生徒が一堂に会して製品の対面販売・実習等を行うことを通して、コミュニケーション能力の向上を図り、就労に対する意欲・技能・態度等を養うことができるようにする。また、実際に生徒が活動する姿を通して、障害のある県民への理解、さらには就労促進につなげる。

方法：生徒が作業学習で作った製品を販売したり、実習の実演を行う。校内で製作した作品を展示する。

2　教職員の指導力・実践力向上

　県教育委員会では、岡山県公立学校教員等人材育成基本方針に基づき、様々な取組を行っており、教職員の指導力・実践力の向上を図っている。そうした中で、特別支援教育の視点からは、合理的配慮の提供を含めた特別支援教育に関する知識や技能、指導力の向上、特別支援学校教諭免許状の取得促進を進めているところである。ここでは、特別支援教育の知識・技能に関する取組について紹介する。

（1）教職員に対する合理的配慮の理解について

　平成28（2016）年4月1日に障害者差別解消法が施行され、合理的配慮の提供が義務付けられた。こうした動きを受け、県教育委員会では、平成28（2016）年3月に「共生社会の実現に向けた『障害者差別解消法と合理的配慮』」というリーフレットを刊行し、合理的配慮の考え方を普及しているところである。さらには、総合教育センターで研修講座を開講し、より一層の理解を図っているところである。

　現在は、合理的配慮の考え方が重点に置かれているが、今後は、障害のある子供も障害のない子供も共に学ぶという視点での合理的配慮を考えていきたい。

（2）通常学級における特別支援教育ブロックリーダー活用事業

　目的：小学校の教員が中学校区内の小中学校へ定期的に出向き、実際の授業について助言を行うことで、地域の教育の専門性の向上を図る。

　方法：小学校の教員を特別支援教育ブロックリーダーとして任命し、中学校区内を定期的に巡回し、助言を行う。

　成果：小学校に在籍している教員であるので様々な事情を踏まえた助言になるため、特別支援教育に対する考え方が浸透しやすい。

3　一貫した支援体制の構築

　これまでも、個別の教育支援計画等を含め、切れ目のない支援体制を構築してきたが、早期からの適切な支援の充実をはじめより一層一貫した支援体制の構築が求められる。県教育委員会では、早期からの的確な実態把握と適切な支援、個別の教育支援計画等の効果的な活用と確実な引継ぎ、障害特性に配慮した進路指導を中心に行っている。ここでは、障害特性に配慮した進路指導について紹介する。

■就労応援団の登録制度

　平成 28（2016）年度特別支援学校高等部卒業生の就労率は A 型事業所を含め、46.2％であった。平成 25 年度は 37.1％であり、就労率は上がっている。学校での就労に向けた取組の充実を図るため、障害者雇用に理解のある企業の登録を行っている。

　目的：障害者の雇用を促進し、実習の拡大を図る。合わせて企業の考え方や技術を特別支援学校に取り入れるため、企業の協力を得る。

　方法：企業に登録をしてもらい、職場見学、現場実習等の協力を行っている。

　成果：平成 29（2017）年 3 月末現在で 342 社の登録。特別支援学校の生徒への理解が進み、普段の授業においても場の提供や、商品の受託などがあり、生徒が様々な経験ができるようになった。

　課題：登録した企業と授業の中での連携。

　三つの柱で現在行われている施策の取組の紹介をした。これらの施策を通じて、障害のある子供が障害のない子供と同じ場で共に学ぶことを可能な限り追求するとともに、個別の教育的なニーズのある幼児児童生徒に対しては、そのニーズに的確に応える指導・支援ができるよう、「連続性のある多様な学びの場」の提供ができるよう施策を進めていきたい。なお、インクルーシブ教育システムの構築に向けた取組のより一層の充実を図るため、現在、第 3 次岡山県特別支援教育推進プランを検討中であり、障害のある子供も障害のない子供も共に過ごせる社会を目指していきたい。

【参考文献】
岡山県教育委員会「第2次岡山県特別支援教育推進プラン」（2013）
岡山県教育委員会「共生社会の実現に向けた『障害者差別解消法と合理的配慮』」（2016）

第9章

実　践　編

幼稚園：基本的な考えと方法

幼児を中心に置いた指導と支援：保護者とともに

札幌市立はまなす幼稚園 園長 **菅原由美**

1 幼稚園教育の基本

　幼稚園における特別支援教育について語る前に、幼稚園教育（幼児期の教育）の基本について触れておく必要があると考える。平成29（2017）年3月幼稚園教育要領が告示され、平成30（2018）年度から全面実施される。今回の改訂では、小学校、中学校、高校の学習指導要領の改訂も同時に進められ、幼児期から大学までの教育を体系的かつ組織的に行うものとされている。また、これまで通り「生涯にわたる人格形成の基礎を培う重要なもの」であることが再確認されている。特に、「幼児の主体的な活動を促し、幼児期にふさわしい生活が展開されるようにすること」「幼児期の自発的活動としての遊びを通して、ねらいが総合的に達成されるようにすること」「幼児一人一人の特性に応じ、発達の課題に即した指導を行うようにすること」の点について重視して教育を行わなければならないとされている。

　このように、幼児期の教育はすべての幼児の特性や課題に即して進められることが基本となっている。そうした基本を踏まえ、障害のある幼児などへの指導については、「集団の中で生活することを通して全体的な発達を促していくことに配慮し」と記載されている。つまり、幼稚園は、障害のある幼児とない幼児が共に生活し共に学ぶ場であり、従来からインクルーシブ教育が行われている場であることを踏まえておきたい。

2 幼稚園・こども園での個別支援

（1）その子のよさや興味・関心に注目して

　障害のある幼児などの教育や個別の支援を検討する際、まず最初にすべきことは幼児理解である。個別の支援を検討する際、こだわりや苦手なことなど課題となる姿や身に付いていないことに焦点を当てがちになるが、幼児期の教育が主体的な活動を通して行うことを基本としていることを考えると、幼児の好きなことや得意なこと、場合によってはこだわりに見えることを遊びや活動に取り入れることで、必要な経験を重ねていく可能性が広がっていく。

　例えば、絵を描くことや制作的な遊びへの興味を持ちにくい幼児も、大好きなキャラクターや乗り物などの要素を取り入れ、教師が幼児の興味や要求に応じながら遊ぶことで、苦手なことにも興味を持ち徐々に自分から取り組んでいくようになる。

　支援の成果が表れにくい場合、幼児自身が「おもしろい」「楽しい」「やってみたい」と思える遊びや活動、方法になっているかどうかを見直すことで改善の方向が見いだせることも多い。

（2）個に応じた支援と日常の保育の手立て

　本稿の最初に確認したように、幼児教育は一人一人の特性に応じ、発達の課題に即した指導を行うようになっているが、障害のある幼児などには、よりきめ細やかな個別の支援が必要になる。ほとんどの園で、保育室を中心に生活が展開され、個別の支援のための視覚支援教材や掲示物、遊びのための空間が、学級の見やすい場に設定されることが多い。特定の幼児への個別の支援が、他の幼児にとっても生活や活動への見通しや意欲を引き出す有効な環境になる。また、日常の遊びや生活を計画

する際には、園および学級への手立てとともに個別の支援についての共通理解を図り、すべての教職員が支援できるようにしておくことが大切である。園全体で一貫性のある支援は、障害のある幼児などの園生活への安心感につながっていく。

（3）「みんなと一緒」を感じられるために

　障害のある幼児などの多くは、比較的大人との関わりは持ちやすいが、友達への関心が薄かったり関わりが苦手で、一緒に遊んだり学級活動など大勢の中で過ごすことが難しい。不安や緊張から関わることに自信を持てずにいることがある。また、手先の不器用さや運動面の発達に課題がある場合、描画や制作、運動遊びなどの際に不安感や苦手感から参加を渋ることも多い。

　そうした場合、実態に応じて集団に適応していけるようスモールステップでの指導が必要になる。まず、一つは遊びや活動に必要な技能面の育ちを支えることである。次に、苦手さが表れやすい対人面や集団行動の経験を積み重ねていけるようにすることである。教師と一対一であったり、２～３人の小集団での遊びや活動の場や時間を意図的につくり、実態に応じて必要な経験を積めるようにしたい。活動を計画する際に以下の点について留意したい。

　　○幼児の興味・関心を捉えた要素が含まれており、楽しさや満足感を
　　　味わえること
　　○分かりやすい指示や言葉掛けで、「分かった、できた」という実感
　　　を持てること
　　○幼児の持続時間に応じた流れで、始まりから終わりまでを経験でき
　　　ること
　　○幼児が落ち着いて取り組める空間、雰囲気であること
　例えば、ルールのある遊びを学級で取り組む際には、説明に集中できない幼児や理解できずに楽しいと感じられない幼児なども、少人数で段

階を追って経験することで楽しさが分かり、学級の友達と同じ場で参加できるようになっていく。

　また、順番を待つという基本的な集団のルールも、少人数で行うことで短い待ち時間から経験を重ね、徐々に長い時間待てるようにしていくことができる。発語や会話などの力についても、少人数活動などの中で実態に応じた質問や発言の機会を積み重ねることで、集団参加の土台を育むことができる。

　集団生活への適応を目標にしながら大切にしたいのは、幼児教育の基本である個々の主体性や興味・関心を尊重することである。幼児自身が「楽しい」「やってみたい」という思いを持って遊びや活動に取り組めているか適切に評価し、改善しながら友達との触れ合いや関わりを積み重ねていけるようにしたい。

③　幼稚園・こども園などでの合理的配慮

（1）幼児にとっての「社会的障壁」

　ほとんどの幼児にとって、園生活は家庭を離れて初めての集団生活の場であり、様々な社会的障壁が予想される。「排泄、着脱、食事などの生活習慣面」「微細運動面、粗大運動面、運動機能面」「言葉の理解、発語、表現などの面」「他者への興味・関心、対人面」「衝動性、多動性、集中力など行動面」など多くの障壁が考えられる。

　幼児期の場合、幼児自身が社会的障壁を自覚したり改善を求めたりするのではなく、保護者や周りの大人が気付いて支援や合理的配慮を求めることになる。園は、こうした保護者の気付きやそれに伴う不安に寄り添いながらも、主体者である幼児を中心に置いて支援や合理的配慮を検討していくという視点を共有できるようにしたい。

（2）入園準備段階からの「合理的配慮」と「合意形成」

　保護者が、幼稚園・こども園への入園を検討し始めるのは、乳児期から幼児期に差し掛かる頃であり、月齢による差や発達の個人差が大きい時期でもある。保護者がわが子の言葉や対人面の遅れやアンバランスさに気付いて支援の必要性を考え始め、医療機関を受診するなどしても診断が難しいことが多い。そのため、入園段階で障害のある幼児として合理的配慮の対象となるかどうかを明確にできない事例も含まれる。しかし、どのような実態であれ入園後に個別の支援や合理的配慮が必要なことが予想される場合は、入園前の段階から次のようなことを押さえて保護者との合意形成を図っておくことが重要となる。

〔保護者は〕
　　○園見学、幼稚園説明会などで園の教育内容・方針を知る
　　○園での個別の支援や合理的配慮の実際を知る
　　○入園後に予想される社会的障壁をイメージする
　　○入園後に希望するまたは必要となる支援について考える

〔園は〕
　　○幼児の発達の状況、課題などの実態を把握し、園でできる支援について提案するとともに、園の環境（物的環境、人的環境、幼児の集団生活ならではの状況など）で難しいことについて確認する
　　○保護者が希望する支援に近付けるために、連携・協力が必要となる場面を想定し、具体的内容を検討する
　　○個別の支援計画を作成するため、必要に応じて保護者の了承のもと医療・療育機関、相談機関などからの情報を得る
　　○入園前に、できるだけ親子で園に足を運んで見学や体験を重ねる機会を設け、幼児や保護者との信頼関係の土台をつくるようにする

　このように十分な準備をしても、実際に園生活を始めなければ集団生活の中での社会的障壁は見えてこないことの方が多い。園は、入園後も

幼児の育ちを中心に置くという基本姿勢を見失わないよう留意しながら、一つ一つ丁寧に保護者と合意形成を図り、焦らずに関係を築いていくことが重要になる。

（3）保護者とともに、保護者の思いに寄り添って

　子供の育ちを支える際、家庭との連携・信頼関係が土台となるが、幼児期は保護者と幼児との関係はより密接であり、保護者が置かれている状況や心情などが養育に直接影響しやすいため、保護者に寄り添った支援が重要になる。

　まず、幼児の気になる姿の要因が分からないために、どのように関わってよいか悩んでいる場合が多い。そうした場合には、保護者と一緒に要因を探り、具体的な支援を考えていくようにしながら関わり方を見いだすことが必要である。

　例えば、入園当初、園に入ることを渋る姿はよく見られる。保護者はその姿に困惑しつつも、何とか園の中に入れなければと必死になるが、幼児はそうした親の不安や願いを感じて一層頑なになる。そのような場合、教師は専門的視点からその要因を客観的に推察し、改善のために必要な具体的支援を探らなければならない。玄関に大勢の友達や保護者がいる喧騒が苦手だったり、どこで靴を脱いでよいか混乱していたりなど幼児なりの理由が必ずある。登園時刻を少し遅らせるなどして、幼児が安心して玄関に入ることができる状況を保障することで改善する例はよくあることである。

　このように、保護者と支援が必要な姿と手立てを確認し共通理解を図り、社会的障壁の確認と合理的配慮の構築のために作成するのが、個別の教育支援計画や個別の指導計画である。現在の幼児の姿から短期の目標を提示するだけでなく、半年〜1年の中期・長期の支援の見通しを提示することで、わが子の将来像を描けるようにしていきたい。また同時に、幼児の苦手や不得意など課題となる面ばかりでなく、よさや得意な

面など成長の足掛かりとなる姿の確認をすることも重要である。

　園生活が後半に差し掛かると、園での合理的配慮の変更や調整とともに、小学校への就学準備が必要になってくる。園は、小学校への接続を支えるためのコーディネートの役割を果たしていくことになる。

4 小学校以降の学校生活に向けて
──ささえ・つなぐ──

　特別支援教育の充実が図られてくる中で、園や学校など教育関係機関には特別支援教育コーディネーターが配置され、入園・入学の際にそれまでに積み重ねてきた支援をつなぐシステムが構築されてきた。しかし、家庭にとって就学は大きな壁やギャップとして感じる場合が多く、個々に応じた適切な接続が可能になるよう丁寧に支援することが求められている。

（1）家庭の就学準備を支える

　小学校入学以降の教育をどのような場でどのようにスタートさせるとよいかは、障害の状況や実態に応じて判断していくことになる。家庭にとっては、成長の途上のどの時点の姿で判断するべきか、判断したことが正しいのかなど悩むことも多い。園は、わが子が持っている力を十分に引き出したいという保護者の願いに寄り添って就学の準備を進めていくことが大切になる。その際、以下のような点を踏まえて支援していきたい。

　　○就学までの準備や手続きなどの流れを具体的に知らせる。

　　○通常の学級、通級指導教室、特別支援学級、特別支援学校など、それぞれで得られる学びや経験について知らせる。

　　○小学校や特別支援学校などを見学し、それぞれの学校での支援の具体的内容などについて聞く場を設ける。

　　○医療機関や相談機関などで相談や検査を受けるなどして、発達の状

況や課題について客観的に把握できるようにする。

○就学に向けて、園で必要な支援について繰り返し確認する。

○「いつ」「誰が」「何を」伝えるか、園から伝えることと保護者から伝えることを整理する。

　小学校への接続の準備を進める中で、保護者の思いや願いはなかなか定まらずに揺れ動く。しかし、入学以降生涯にわたって成長を支えていくのは保護者であることを考え、園はすべてをお膳立てせず、保護者自身が主体者としてわが子のことを伝えられるようにすることも重要である。

（2）小学校との引継ぎ——園での支援をつなぐために——

　小学校と連絡を取る際に、多くの場合はコーディネーターが窓口となるが、園対学校の組織同士の関係で引継ぎが進められるよう、園長と校長など管理職同士が連絡を取り合い共通理解しておくことが重要である。保護者にとっても、管理職同士が理解し合っていることが就学への大きな安心感となる。その上で、保護者が入学前の段階から、小学校との信頼関係を築いていけるよう園と学校との連携が求められる。

　小学校に伝える内容は様々であるが、課題や気になる姿だけでなくよさや得意な面も併せて伝えたい。園での気になる姿を伝える際には、支援の内容・工夫したこと、成長の経過について具体的に伝えることが就学後の支援につながっていく。また、園と学校は入学時点での点をつなぐのではなく、面でつなぐ意識を持ち、小学校は園での実際の姿を、園は入学後の様子を参観するなどして、互いに経過を見合ったり伝え合ったりすることにも努めたい。

（3）札幌市での取組——幼保小連携推進協議会・幼保小連絡会——

　執筆者の勤務する札幌市では、幼児期から児童期への子供の一貫した育ちを保障するために、平成25（2013）年度に「幼保小連携推進協議会」

を立ち上げた。札幌市には10の区があり、区に1園ずつある市立幼稚園・認定こども園が、研究実践園として札幌市幼児教育センターの補完的機能を担っている。「幼保小連携推進協議会」は、各区の研究実践園園長、私立幼稚園長、公立・私立保育園（所）長、小学校長の代表者で構成される代表者会で運営されている。

　子供の入学前後の情報交換、幼保小の一貫性のある教育活動、子供の交流活動の充実、教職員の相互理解を主な目的として、区ごとに年3回程度開催されている。各幼保小の園長、校長などの代表者と連携担当者の他に、入学前後の様子の情報交換のために年長・1年の担任などが一堂に会して接続期の取組について学び合っている。1月には「幼保小連絡会」を開催し、保護者の承諾を得た幼児について、入学後の支援に必要と思われる幼児の実態や支援などを小学校へ引き継ぐ機会を設けている。

　こうした取組を通して、区内、地域の幼児教育関係者と小学校関係者が同じ方向で教育について考えたり、互いの教育の様子を参観し合ったりなどして連携関係が深まっている。障害のある幼児などの接続を支えることを含め、すべての子供たちの育ちをつなぐための重要な仕組みとなっている。

　各園・校単位での取組の内容や質を向上させるために、市町村単位で幼保小連携が推進されることを期待したい。

⑤　共生社会の理解者の育みを目指して

　これまで、幼児教育における個別の支援や合理的配慮、小学校への接続について整理してきた。最後に、本書で示そうとしている「共生社会の時代の特別支援教育」について、触れておきたい。

（1）子供同士をつなぐ

　幼稚園など幼児教育施設は、障害のある幼児とない幼児が共に生活し共に学ぶインクルーシブ教育が行われている。幼児は、様々な持ち味を持った友達と一緒に様々な遊びや活動の中で、経験を通して互いのよさや特性を受け入れていくようになる。そこで重要になるのは、教師の姿勢や援助である。

　ほとんどの幼児が、初めての集団生活の中で自分や家族とは違う他者を意識するようになる。自分の感じ方や行動とは違う友達の姿に戸惑ったり、不安に思ったりすることもあるが、「なぜだろう？」と不思議に思ったり興味・関心を持って見たり関わろうとしたりする姿も多く見られる。教師は、そうした機会を障害のある幼児とない幼児をつなぐ貴重な機会と捉え、幼児の障害や特性に対する疑問や不安に丁寧に応じ、幼児同士が触れ合ったり関わったりすることができるよう援助することが大切になる。一人一人が大切にされていることが実感できる園生活を通して、互いのよさや成長を認め合える関係を築いていくことができる。そして、何より個々の自己肯定感が育まれ、社会の中で行動する自信になっていく。

（2）保護者同士をつなぐ

　幼児が、障害のある友達に対して疑問や不安を持ったとき、保護者にその気持ちを伝えることがあるが、保護者自身も障害のある幼児や特性の強い幼児への関わり方が分からず、その疑問や不安に応じきれない場合がある。幼児が多様な個性や特性を持った友達を受け入れ、関わり方を身に付けていくためには、保護者同士をつなぐという視点も欠かすことはできない。保護者には、園でどのような場面や表現で子供たちに伝えているかを具体的に知らせ、一緒に園生活を送る中でそれぞれが成長していく見通しを伝えるようにしたい。そうすることで、わが子の成長

だけでなく他の子供たちの成長にも目を向け、温かい眼差しで見守ることができるようになる。

　園で行う行事や保育参観・懇談会、日常のやり取りの中で子育ての悩みを共有し合える関係を築いていけるよう、教師が保護者同士をつなぐ役割を果たしていくことも必要である。保護者の教育活動や障害のある幼児などへの理解が深まり、一人一人の幼児が尊重されるようになっていく。

　こうした園生活を通して、多様な持ち味の子供や人を受け入れられる幼児、保護者が増えていくことで、小学校以降の学校生活の中でも、共生社会の理解者としての役割を果たしていけるのではないだろうか。

小学校：通常学級における基本的な考えと方法

全校で児童を育てる「高坂スタンダード」の取組

横須賀市立高坂小学校 教諭　**奈良祐志**

1　「高坂スタンダード」の理念と概要

　幼児期、学童期、青年前期と、様々な発達段階の児童が在籍する小学校教育課程。近年は家庭環境や生活環境の変化に伴い、多様な個性が育ち、通常学級でも学習・生活面での支援が必要な児童が増えてきた。高坂小学校でも、平成19（2007）年度に特別支援学級「なかよしルーム」が開設されたことを機に、支援級在籍児童はもちろん、通常学級の中でも発達障害等の診断はつかずともその傾向を持つ児童や、個別の支援が必要な児童が多く存在することが明らかになった。

　こうした児童の実態を踏まえ、本校では、障害のある児童のみを対象とした手立てを講じるのではなく、生活面・学習面で困難を感じているすべての児童の個性を尊重し、学校全体で「包み込む」インクルーシブ教育の理念に基づいた学校標準「高坂スタンダード」の取組を数年前から行っている。

　「高坂スタンダード」とは、平成22（2010）年度、当時の管理職や児童支援委員会が中心となり、「全校で児童を育てる」という理念に基づき作成された職員・児童が共に目指す校内標準のさきがけである。全校で取り組む具体目標として、生活面・学習面・支援教育の面から「あいさつをしましょう」「まず、ききましょう」「みとめあいましょう」という三つの柱を定め、すべての学級で日常的に指導を行っていく方針を整

えた。この三つの柱は、学校全体はもちろん、地域でも、常に意識的に指導する高坂小学校の教育基盤として現在も受け継がれている。

「高坂スタンダード」の理念

　「全校で児童を育てる」この理念を、職員はもちろん、児童・保護者・地域で共有していくことを目的として具現化したものが平成26（2014）

「高坂スタンダード〜学び方ガイド」

年度末に初版が完成した「高坂スタンダード〜学び方ガイド〜」（横須賀市立高坂小学校HPよりダウンロードが可能）である。学校のきまりや約束をはじめ、具体的な教室環境や学習指導などのユニバーサルデザイン化について、どの学年・学級でも学校標準としての指導・支援を行えるよう、児童の実態に応じて毎年更新しながら学校全体で活用している。

　高坂スタンダード三つの柱や、学び方ガイドを通じて、全職員が学校標準を一貫して指導し続けることで、障害の有無に関わらず、すべての児童が安心して学校生活を送ることができる環境づくりを目指してきた。ひいては、それが児童一人一人のよりよい学習・生活習慣の形成や、身に付けた力の次学年での活用につながっていくことを期待している。

2 「高坂スタンダード〜学び方ガイド〜」校内標準
——全学年・全学級で統一して行っている UD 化の例——

（1）教室環境の配慮

① 掲示物の刺激量の調節

○前黒板周囲は必要最小限度のものに限り、刺激量の調整を図る。

○後ろ小黒板には1日のめあてや流れ、通信類を掲示し、児童にとって必要な情報をいつでも見ることができるように配慮する。

前黒板周囲の掲示例

後ろ小黒板の掲示例

② 集中力を高める机の配置

○机の配置は通常学習時はオペラハウス型にし、左右の列に配慮する。

○その他、児童同士の関わり合いや話し合いを重視したいときは、コの字型をとるなど、場面に応じて机の配置も変化させる。

○グループ活動の際も、必ず全員が黒板に背を向けることがないような配置を心がける。

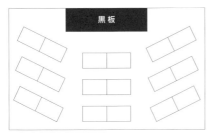

机配置の例

机の後脚部分に印

○机の並びの目印を、床面に水性マーカーでつける。

○授業中等各自で整頓できるよう、机の後脚部分に印をつける。

（2）学習指導の配慮

①　板書とノートの一体化

子供の思考の足跡が分かる板書

○学習課題（本時のめあて）に対する児童の考えや分かったこと、まとめやふりかえり等、学習の流れが分かるような板書を意識する。

○めあて（青）、まとめ（赤）、ふりかえり（緑）の色を統一する。

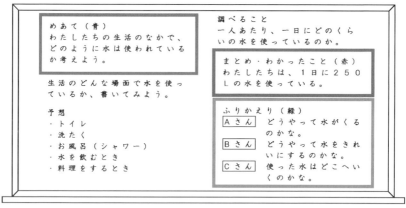

板書の例

思考の整理と記録・資料として活用できるノート

○板書のルールをノート指導にも反映させる。

○低中学年…基本形式により、学習習慣の基盤づくり・定着化を促す。

○高学年…基本形式を軸に、発展したノートづくりを意識させる。

めあて（青）
わたしたちの生活のなかで、どのように水は使われているか考えよう。

生活のどんな場面で水を使っているか、書いてみよう。

予想
・トイレ
・洗たく
・お風呂（シャワー）
・水を飲むとき
・料理をするとき

調べること
一人あたり、一日にどのくらいの水を使っているのか。

わかったこと（赤）
・シャワーは5分で60Lも水を使う。
・せんたくは1回110Lの水を使う。
まとめ（赤）
わたしたちは、1日に250Lの水を使っている。

ふりかえり（緑）
・どこから水はくるのか。
・水は、どれくらいの人がかかわって、わたしたちのもとにとどくのだろう。

板書のルールをノートにも反映

③ 児童の発達段階や各学年・学級の実態に応じた取組
——校内標準と合わせて、各学年・学級で行われている UD 化の例——

（1）教室環境の配慮

① 学習用具の整理整頓

○各教科のファイルや体育で使う縄跳びなどの学習用具については、班やグループごとの共有スペースを設け、授業準備や片付けがスムーズに行われるように配慮する。

○音楽室などの特別教室では、学習用具の種類によってその置き場所、使い方の例などを明確にする。

班ごとに学習用具をまとめる

音楽室の環境例

② 学習内容・学級での目標や役割の意識付け

○各教科の既習事項やポイントをまとめた
　学習コーナーを設け、学習単元全体の見
　通しを持たせる。

○全体に共有したい児童のノート例を
　「ノート名人」として掲示する。

○個人やグループの目標・役割を常に意識
　できる掲示を行う。

「ノート名人」掲示例

学習コーナー例

学習コーナー例

（2）学習指導の配慮

① 学習内容の焦点化

○ノートづくりが苦手な児童には、各教科、毎時間のノートを担任があ
　らかじめ作成しておき、要所で提示する。

○授業の進行に合わせ問題や活動にマグネットを貼り見通しを持たせる。

○宿題の直しや確認してほしい箇所に付箋を貼る。

ノート見本を提示

宿題の見直し箇所に付箋

シートで情報を制限

○音読が苦手な児童には、シートを活用させ不必要な情報を制限する。

②　個々の実態に応じた学習材の活用

○以下の実態を考慮した複数の学習材を用意し児童自身に選択させる。

（1）　通常の活動への参加が可能

（2）　活動への参加が困難・遅れが生じる

（3）　特別支援級在籍児童

〔例〕　図工【鑑賞】：造形作品を見て、その形や色・組み合わせのおも
　　　　しろさを表すぴったりな言葉を考える活動。

　　　　　通常級在籍児童については、はじめはAを、活動が難しい場合
　　　　はBを、交流中の特別支援級在籍児童についてはCを選ばせる。

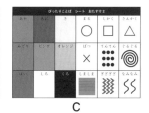

4 「高坂スタンダード〜学び方ガイド〜」全校実施までの道のり

　2・3で挙げた通常学級におけるユニバーサルデザイン化の例は、近年の特別支援教育の流れを受け、たくさんの学校で同様の取組が行われている。ただしその多くが、一部の学級、担任による限定的な実践であることが多い。高坂小学校の強みは、それらを1〜6年生までのすべての学年で全校標準としてスタンダード化し、児童・保護者・地域を巻き込んだ理念の共有を行っているという点にある。また、年々変化し続ける児童の実態や教育の流れに対応し、以下のPDCAサイクルを意識した年度ごとの内容の改訂を行っていることも、本校ならではの取組であると言える。

（1）Plan（計画）

　改訂に当たり、まずは児童の実態を学校全体で把握している必要がある。特別支援学級在籍児童はもちろん、発達障害等の診断はつかずともその傾向を持つ児童や、個別の支援が必要な児童の実態を毎月の児童支援委員会を通じて共有し合っておく。次に児童の実態と前年度の改善案を踏まえて、各学級や他校の実践例を可能な限り多く集める。初版の発行には、東京都日野市や岩手大学、秋田県等の先行研究を参考にした。最後に、集まった多くの実践例をもとに、児童の実態や発達段階を考慮しながら全校標準として統一する項目を校務分掌「高坂スタンダード」担当を中心に、新年度に向けて内容の精選、集約を行い、「高坂スタンダード〜学び方ガイド〜」を改訂する。

（2）Do（実行）

　年度初めに改訂内容を全体共有し、各学年で作成した年間カリキュラム（学校行事や各教科の指導内容を横断的に編成した教育課程）を加えて児童・保護者用の資料を作成し、学年集会や学年懇談会の場、ＨＰ上で周知を促す。その後年間を通して「高坂スタンダード〜学び方ガイド〜」記載事項について、すべての学年で一貫した指導を行っていく。

（3）Check（評価）

　学校全体での取組をもとに、（2）と合わせ、年間を通して各学年の成果と課題を検証していく。さらに教員側の評価だけではなく、校務分掌「学校評価」「学力向上」担当を中心として、児童・保護者向けの学校評価アンケートや、市・全国の学力・学習状況調査の結果等の分析を行い、客観的な視点から「高坂スタンダード」の検証に当たる。

（4）Act（改善）

　年度末、校務分掌「高坂スタンダード」担当を中心として（3）の検証結果をもとに年間反省を作成し、新年度に向けての改善案を検討する。先に挙げた学習指導の学校標準「板書とノートの一体化」を例にすると、初版の内容実施後「児童が使うノートの種類が児童や学年によって異なっていることが板書との一体化に弊害を起こしている」という課題が浮かび上がってきた。そこで「発達段階を考慮し、学年・教科ごとにノートの種類をあらかじめ指定する」ことが改善案として提案され、次年度版の改訂内容にも反映された。

　平成 26（2014）年度末に完成した初版から改訂を重ね、現行の第 4
版に至る。今でこそ職員をはじめ、児童・保護者・地域への理解が得ら
れるようになったが、初版の作成・実施には多くの困難があった。職員
の中では、個々のそれまでの指導の実績や経験から、学校としての指導
の標準化に対して多くの懐疑的な意見が挙がった。児童や保護者からは
それまでの学校体制とは異なる「高坂スタンダード」の取組に対し、な
かなか理解が得られない状態が長く続いた。しかし実践を重ねていく中
で、生活面・学習面ともに児童の実態に一定の成果が得られるようになっ
てきた。通常学級での教室環境や学習指導におけるユニバーサルデザイ
ン化を含め、学校のきまりや教科指導の校内標準化が、すべての児童が
安心して過ごせる学校づくりの基盤となる。この思いの共有が、全校で
児童を育てる「高坂スタンダード」の取組の継続につながっている。

⑤　成果と課題

（1）成　果

　平成 28（2016）年度に行った学校評価アンケートの結果（**図1**）では、
児童版・保護者版双方で、全校で児童を育てる「高坂スタンダード」の

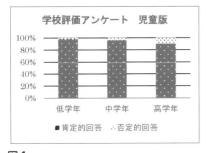
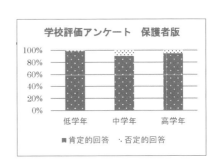

図1
注）年 2 回学校が児童・保護者に対し行っているアンケートの中から「高坂スタンダード」の取組
　　に関連する項目を抽出

取組について肯定的な回答がどの学年でも9割以上となった。これは、児童や保護者から見ても、学校生活の中で「あいさつをしましょう」「まず、ききましょう」「みとめあいましょう」の三つの柱はもちろん、具体的な学校標準が浸透し定着していることを示している。

　また、平成29（2017）年度に横須賀市で3・4・5年生を対象に行った学習状況調査における質問紙調査の結果（**図2**）では、自己肯定感・学級風土（学級の雰囲気）・生活習慣・学習習慣・意欲等について、いずれも肯定値が全国標準スコアを上回っていた。これは、「高坂スタンダード」の取組により、児童にとって安心して学習・生活ができる学級や学年、学校運営が行われていることを示している。

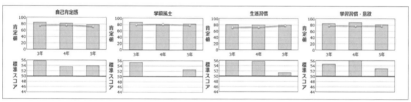

図2
注）東京書籍WEB評価支援システムi-checkより一部項目を抽出

　さらに、学習状況調査の結果について昨年度の結果と比較すると、各学年各教科において全国正答率との差が縮まってきている（活用問題を中心に）傾向がある。特に4年生の国語と算数については全国標準スコアを上回る結果が出ており、学習習慣の定着が学校全体の学力向上につながっていることも、成果の一つとして言える。

（2）課　題

　学校全体での「高坂スタンダード」の取組が定着しつつある今、課題として今後の取組が問われている。毎年度多くの職員の入れ替えが行われる中で、「全校で児童を育てる」という理念を共有しながらすべての学年・学級で校内標準としての教室環境づくりや学習指導を日常的に行っていくことは難しい。初版を発行したメンバーのほとんどが転任し

てしまった近年は、職員間でのスタンダードに対する考え方の相違が少なからず起きている現状もある。その点でも、前述したPDCAサイクルをもとに、定期的に実践・検証の場を学校全体で持つ必要がある。

また、今後は学習指導要領の改訂とともに、児童それぞれの個性を尊重しながら、主体性・協調性をさらに高めていく学習・生活指導の在り方が求められている。「高坂スタンダード」を学校運営の基盤としながら、校内標準を守ることだけを目的とするのではなく、児童の実態に応じ柔軟な対応ができるよう職員一人一人が意識していかなければならない。

6 通常学級における特別支援教育のこれから

すべての児童が安心して学校生活を送る環境をつくっていくためには、児童と向き合う通常学級の担任の個々の取組も大切ではあるが、組織全体を変えていく流れも必要である。「担任が育てる」ことをメインにしてきたこれまでの教育の伝統から、「全校で児童を育てる」という理念を学校全体で共有することができて初めて通常学級における特別支援教育、ひいてはインクルーシブ教育が実現できるのではないだろうか。

【参考文献】
柘植雅義（2005）『通常学級での特別支援教育 PDCA』教育開発研究所
佐藤愼二、漆澤恭子、全日本特別支援教育研究連盟（2010）『通常学級の授業ユニバーサルザデイン―「特別」ではない支援教育のために』日本文科学社
東京都日野市 公立小中学校全教師・教育委員会（2010）『通常学級での特別支援教育のスタンダード』
秋田県総合教育センター教科・研究班（2011）『あきたのそこぢから』秋田県総合教育センター
岩手大学教育学部附属学校（2013）『ユニバーサルデザイン授業 実践事例集』岩手大学教育学部
柘植雅義（2013）『特別支援教育　多様なニーズへの挑戦』（中公新書）中央公論新社

小学校：通常学級における基本的な考えと方法

「違い」を認め合い、価値を「言語化」するクラスづくり

兵庫県猪名川町立猪名川小学校 教諭 **曽谷敦子**

1 小学校通常学級における特別支援教育

　これまでの通常学級での教師経験から、学級経営において特別支援教育の視点で大切にしていることを整理し、提案する。まず、「1　小学校通常学級における特別支援教育」では、どの学年を担任する場合でも一貫して大切にしていることを、次に、「2　具体的な実践を通して」では、特に高学年の学級経営で取り組んだことを、最後に、「3　課題」では、取組を振り返り、さらに研鑽したいと考えていることを述べる。

（1）「違い」を認め合う

①　障害理解は人間理解

　「今、目の前の子供たちにとって、『学校』は楽しい場所になっているか？」と子供の目線に立って、確かめるような気持ちで、教室を見渡してみる。授業を中心とした「学習」の場で、新たな気付きや"分かる喜び"があるだろうか？　友達との交流を通して繰り広げられる様々な出来事の中で、どのような感情に包まれているか？　すると、子供たちの多くの表情や姿が目に飛び込んでくる。

　日々、教室は「変化」している。個々の考えや感情が集まり、学級集団を創っている。この学級集団という環境の中で、個が育つ。「日々、教室は変化を繰り返しながら、時を刻み、前に進んでいる」という感覚

を、私は絶えず持ち続けている。特に、学級全体を見るときには、漠然と教師側の偏った心象で子供たちを捉えるのではなく、子供一人一人を理解した上で、教室全体を包括して捉える目を持つことが大事だと考えている。また、子供のありのままの実態をスタートラインにし、目的を持って、その一日に、「何を」積み重ねていくかを意識した指導の展開が、一人一人の子供の成長の保障となる、と実感している。

　そして、一人一人の子供を総合的、多面的に捉え、実態を「見立てる目」の軸になっているのが、「特別支援教育の視点」である。子供を見つめ、深いところで子供の実態を見立てる目は、特別支援教育を学ぶことで培われる目だとも言える。障害がある子を理解しようとする、この姿勢は、すべての子供を理解しようとする姿勢に通ずる。

　さらに、長年、障害理解教育の在り方を探求してきた芝田（2013）が、「障害理解は、人間理解が基礎となるが、定義、理念を文言だけで理解することなく、心情として進めるところが大切である」と述べているように、理解の根底には人間的なつながりが大きな基盤となっている、ということを忘れずにいたい。

②　他者理解と自己理解

　子供同士の人間的なつながりをどうやってつくっていくのか？　そこで、小学校通常学級の指導において、最も大切にしたいことは、子供たちがお互いを「知る」ということである。

　教室は、「小さな社会」と捉えることができる。小学校での生活が始まると、それまで以上に、友達と一緒に何かを決めるなど、家族以外の他者との関わりがたくさん生まれる。子供一人一人、ものの見方や考え方が違う、こだわるところが違う、経験則も違う。認識の多様な子供たちが、関わり合うところから、すべての「新たな他者への気付き」が始まる。この関わり合いの中で、子供たちは、自分を磨き、成長を遂げていく。そこで、まず、一人一人の存在を「知る」ことが大切な第一歩となる。

しかし、それぞれが、初めから、他者との関わりが「楽しい」と思えることばかりではない。発達段階や個々の認知の違いによって、たくさんの摩擦が起こるからである。とりわけ、発達障害がある子供たちは、ここで戸惑うことが多いと言える。

　そこで、指導の際、大事にしたいことは、意見の食い違いなどの問題が起こったことを、"困ったこと"と考えるのではなく、「これは、必然のこと！」と受け止め、互いを認識するチャンスと捉えていくことである。子供自らが、自分と違う、他者の感じ方や捉え方に気付く「きっかけ」にしていきたい。

　次に、「違い」に気付いた子供たちに、他者との「折り合いのつけ方」を学ばせたい。では、どうやって、折り合いをつけさせていくのか。そのために、子供たちが互いに「違い」を"認め合うこと"を目指す。

　具体的には、一つ一つの気持ちの食い違いの場で、互いに「違い」を認め合うことができるように、本人に確かめながらも、それぞれの見方、感じ方を、時に代弁していってやることを繰り返す。その際、徹底的に子供に寄り添って、「折り合いのつけ方」を一緒に見付けていく姿勢を持ち続ける。また、ここでは、教師自身が、子供の置かれている背景が見えていることが大切である。その見え方の違いで、子供たちへ投げかける言葉が違ってくるからである。また、このとき、決して指導者の価値の押し付けになってはならない。力ずくで何とかしても、子供は委縮して表面的に相手を受け入れているだけで、納得しているわけではない。子供自身が、自分で気付き、自分の意思で言動ができることを目指すことが大事である。

　また、何よりも、指導の基本は、「受容」である。共に歩むスタンスで、子供本人に問い返し、気持ちを整理していく作業を支援していく。これには根気が必要で、踏ん張りどころであると言える。逆に支援者としての自分の立ち位置が明確になることで、指導のぶれはなくなっていく。

　こうした指導の上で、子供自身が個々の「違い」を受け入れることは、

「学び方の違い」を受け入れることにもつながっていく。同時に、子供の他者理解が進んだとき、不思議と、その子自身の自己理解も進んでいると感じられることが多くあるのも事実である。

　特に、教室の中の発達障害がある子供の自己理解、他者理解は、この環境に、大きく支えられている。安定した学級の支持的風土が、質の高い「変化」を生み出す。だからこそ、子供自身がそれぞれの捉え方の違いを「理解しよう」と思えるようにするための、環境づくりの努力を惜しまずにいたい。一方、指導者の強い思いが先行して空回りしたり、"焦り"が判断を鈍らせたりすることもあるが、そんなときこそ、自分の指導の中に PDCA のサイクルを生み出し、冷静になって振り返り、次に立てた指導目標は妥当かを見極めることが大切である。

（2）価値を「言語化」する

①　「好き」という気持ち

　小学校の低学年から高学年まで、子供たちの積極的な関わり合いの土台に、その人が「好き」という気持ちがあることが大きい。たとえ、その場、その場の心持ちで、相手に対して、イライラしたり腹立たしく思ったりすることがあっても、根底に、それまでのつながりの中で相手を「好き」という気持ち、大切に思う気持ちがあれば、葛藤の先に、思いを伝え合い、心を重ね合うことができる、と感じたことが多くある。

　その関係づくりの土壌は、低学年のうちから、体験活動や遊びを通して、ふれ合い戯れる中で築かれるものである。たくさんの楽しい共有体験、成功体験が積み重ねられるほど、仲間意識も強くなっていく。

　ところが、特に、社会性の発達やこだわりの面で、特異な言動が見られる発達障害がある子供たちは、本人から周りの子供、周りの子供から本人へのアプローチが消極的になってしまうことがある。仲間として意識化されにくい状態に陥りやすいと言えるだろう。そこで、そんなときには、支援者である我々が、一人一人の「行動」の意味を「言語化」し

て伝え、橋渡ししてやる。すると、そこから、子供同士の関係性が生まれる。子供同士が、ふれ合って初めて、相手の子のよさが伝わってくるものである。

精神病理学者の福田（2015）は、「行動は言葉と結びつくことで意味を獲得する」「身体的な欲求の解消から心理的な理想の実現まで、行動は本人にとっての価値を目指す。その価値の言語化により、行動は本人にとっての意味を獲得する」と示している。このことは、発達障害がある子だけでなく、すべての子供たちに言えることであるだろう。支援者である我々が、子供に寄り添いながら、それぞれの子供の行動の価値を「言語化」し、繰り返し伝えていくことがとても大切だと分かる。自他共に、行動の意味を理解することにつながっていくからである。

② 「豊かな感性」と「科学的なものの見方や考え方」

他者を受け入れるための大事な素地として、「豊かな感性」と「科学的なものの見方や考え方」が挙げられる。発達段階に合わせ、「豊かな感性」は低学年から、「科学的なものの見方や考え方」は高学年に近付くほど重点を置いて培いたいものだと言える。

しかし、子供たちは、直感でものごとを捉えたままで、自分の周りで起こった出来事を振り返ったり、深く追求したりすることが、極端に少なくなってきているように感じる。一方、物は溢れているが、心が満たされていないのでは、と考えさせられることも少なくない。

そこで、自然や社会に目を向け、立ち止まって考えたり、経験したことを丁寧に振り返って再認識したりする中で、「豊かな感性」や「科学的なものの見方や考え方」を育みたい。それぞれが感じ考えたことを、教室で取り上げ意識化し、再認識する営みを積み重ね、子供たちが気付いた価値を「言語化」していってやることが、豊かなものの見方、感じ方を培うことにつながっていく。

子供たちが、他者を見つめる上でも、「感じる」と「考える」の両方の営みが大切で、友達に対する理解につながっていくと考える。

② 具体的な実践を通して

（1）1学期：信頼関係を築く

　1学期には、「なぜ、こんなことぐらいでがまんできないの？」「なぜ、何回言っても、その行動を繰り返すの？」などという子供たちの他者への疑問が関係づくりのスタートにあることが多い。自分の当たり前と他者の当たり前の「違い」への気付きである。そして、感じ方や捉え方の違いを知ることで、それぞれ「折り合いのつけ方」を学んでいく。

　そこで、まず、学級開きの際に「困ったことがあったら、いつでも相談しにおいで」というメッセージをどの子にも送り、実態を把握しておく。新しい学級が始まり、4月当初は比較的緊張しながら過ごしている子供たちも、少し経つと、自然と本来の自分らしさを出しながらの生活に変わってくる。すると、子供同士が、それぞれの行動様式がお互いにイメージできないこともあり、大小、様々なトラブルが巻き起こる。このとき、大事なことは、どの子が、だれと、どんなときに、どんな理由で、トラブルになることが多いか、を把握していくことである。中には、こだわりの強い子の場合、高学年でも、幼稚園のときのけんかが理由で「許せない」と訴えてくることもある。対人関係だけでなく、学習においてもつまずきの原因は多岐にわたっている。子供の気分の落ち込みが、突然に起こったように見えることも、実は特定の教科の授業の苦手が原因になっていた、と分かることも少なくない。

　一人一人の子供と丁寧に関わっていく。アイコンタクト、ハイタッチ。休み時間や給食中の談話。朝の会や終わりの会での評価など。気配り、目配りの、その姿勢を持ち続ける。まず、私と子供たち、一人一人との信頼関係を築いていくことに全力投球する。時に、心に大きな壁を感じ、反抗してくる子がいても、たとえどんなに時間がかかろうとも、どこま

でも寄り添う気持ちで接することをあきらめない。逆に、子供をそうさせている原因がどこにあるのかを模索する。

「困ったことがあっても、先生に相談できる」という安心をどの子も抱けるように、積極的な関わりを努力する。同時に、その中で、一人一人の子供のつまずきのアセスメントを実践するのである。起こっている問題の原因は何かを見立てることで、指導の方向が見えてくる。つまずきによっては、発達障害の傾向を感じることも多くある。診断の有無にかかわらず、まず、何に一番困っているかを見逃さないようにする。

次には、「受容」から「指導」へ。アセスメントを活かし、「個」の目標・「学級全体」の目標を決めながら、教育活動を繰り広げていく。その際、具体的な学習指導においては、第2巻で挙げられているので、ここでは明記しないが、ユニバーサルデザインでクラスをつなぐことを提言している、阿部(2014)が示す、「教室環境のユニバーサルデザイン化」「人的環境のユニバーサルデザイン化」「授業のユニバーサルデザイン化」の視点を持つことを大事にしている。

(2) 2学期：対話から自己決定を繰り返す

2学期からは、学級会活動をはじめとする特別活動、学校行事等を目標達成に向けて大いに活用していく。そこでは、一人一人の子供の「自己決定」を大切に見守る、ということに主眼を置く。自分で意思決定することで、主体的に活動する活力が生まれると思うからである。また、集団決定する活動において「対話」を大事にしている。特別活動で培いたい力を提言している杉田（2014）は、教師と子供との間の縦糸、子供と子供との間の横糸をつむぎながら、社会性を育てる話合いの必要性を示している。自分で何をどのようにすればいいかを決める、自己決定と、みんなで何をどのようにすればいいかを決める、集団決定を繰り返すことは、みんなで進行方向を見定めることにつながっていくということである。

これらの活動で、この「対話」を大事にしていく中で、子供たちは「ゆずる」「ゆずられる」経験を積み重ねたり、自分の活躍の場を見付けたりすることが期待できる。発達障害がある子たちも、例外ではなく、日頃、集団活動が苦手な子であっても、自分の役割を果たすことで集団の中の自分の存在を確かめることができ、自己有用感を持つことにもなっていく。すると、集団への帰属意識が徐々に高まってくる。

　また、対話を通して、他者の感じ方や捉え方の違いや共通点を知ることで、それぞれの思いに共感が生まれる。そして、他者を知ることは、自分を知ることにつながり、その結果、それぞれの子供に内省が生まれ、自己理解、他者理解が進んでいく。

（3）3学期：互いを尊重する風土を生み出す・支援のフェードアウト

　さらに、3学期には、集団決定の中で、個々を認め合う経験を重ね、お互いを尊重する風土を生み出していく。その過程で、個や全体が、今、それぞれどの段階にいるかによって、個に視点をしぼったり、全体に視点を移したりしながら、教師の働きかけのバランスを保つ。また、それを見立てる点が特別支援教育の視点ではないか、と考えられる（**図1**）。

　加えて、3学期には、支援のフェードアウトを意識して指導を展開する。「先生がいなくても、自分でやっていける」「友

図1　支持的な風土づくり

図2　「対話」からうまれたもの

達の存在が、支えになっている」と思えるようにしていくことを目指す。実際に、支持的風土が築かれた教室では、子供同士が支え合い、お互いが支援者になっていると感じる。また、新しい学年の新たな環境の中でも、今まで培った力が発揮できるように、価値の「言語化」に力を入れ、一人一人の自己実現を目指す。すると、子供たちが自信を持って、「もっとこうなりたい、こうしたい」という目標を表出するようになっていく（図2）。

---

③ 課　題

「人間的なつながり」を大切に、まず、目指したいことは、教師と子供の信頼関係を築くことである。信頼関係が築けると、本人や保護者と一緒に話し合い、目標を決めることができる。子供自身が目標を自覚できることは大きい。これは、支援の方向を明確にし、支援を継続して進める上で、とても重要だと考えられる。そのためにも、子供にとって、教師である自分自身が安心できる存在にならなければいけない。

学級づくりを進める上では、「個」と「学級全体」の両方に視点を移し、それぞれの関係性を大切にした指導、発達段階を考慮した指導を意識したい。「違い」を認め合い、それぞれが影響し合う中で、社会性が培われていく。ここでは、教室に支持的風土を築いていくことが求められる。子供自身の他者への気付きをスタートに、価値を「言語化」していく。

具体的には、学級の中で「対話」を生み出すことを仕組んでいく。対話を通して、自己決定、集団決定が進むと、個々の成功体験がクラス全体で共有でき、自己理解、他者理解につなげることが可能になる。また、共通理解が進むことで学級のルールが明確化でき、子供たちの情緒安定が図られる。すると、「安心」が生まれ、子供同士のつながりが広く、

深くなっていく。そこに、支持的風土が築かれるものだと確信している。

　また、この学級での取組を中心に、支援者が情報を共有しそれぞれの役割を明確にすることが課題となる。特別支援教育コーディネーターやスクールカウンセラー、スクールソーシャルワーカーとの連携も欠かせない。その上で、特に支援者の指導の一貫性が保障されていることが大切である。そして、何よりも、担任である自分の人間理解の姿勢が子供たちの鏡となり、大きく影響していることを忘れずにいたい。

【引用・参考文献】
阿部利彦・授業のユニバーサルデザイン研究会湘南支部（2014）『通常学級のユニバーサルデザインプラン Zero －気になる子の「周囲」にアプローチする学級づくり』授業のUD Books、東洋館出版社、p.11
芝田裕一（2013）「人間理解を基礎とする障害理解のあり方」『兵庫教育大学研究紀要』第43巻、兵庫教育大学、pp.25-36
杉田洋（2014）「学びに向かう土台を築く学級づくり」『VIEW21』Vol.1、ベネッセ総合研究所、pp. 6- 9
福田正人（2015）「シャキッとできたら、一緒に日本に帰れる」青木省三・宮岡等・福田正人『こころの科学』183、日本評論社、p.1

中学校：通常学級における基本的な考えと方法

対人関係に不安を抱える生徒への個別支援を例に

宮崎大学教育学部附属中学校 教諭　**渡邉友恵**

1　学級担任としてできる支援の在り方とは

　平成24（2012）年12月に文部科学省が発表した「通常の学級に在籍する発達障害の可能性のある特別な教育的支援を必要とする児童生徒に関する調査について」によると、知的発達に遅れはないものの、学習面又は行動面で著しい困難を示すとされた児童生徒の割合が、推定値6.5%であった。また、それらの児童生徒以外にも、何らかの困難を示していると教員が捉えている児童生徒も存在している。

　本校も例外ではなく、通常の学級において対人関係や学習面に支援を必要とする生徒の実態がある。

　しかしながら、通常の学級の教師の多くは、特別支援教育についての専門性を持ち合わせていない。また、個に応じた支援という考え方にも慣れておらず、集団をどのように向上させるかという集団指導に重きが置かれている現状がある。特別な配慮を要する生徒に対する支援は急務であり、それをなくしては、集団の向上も成し得ない。そこで、本稿では、学級担任が集団指導の中で行える個別の支援について考え、実践した支援方法について報告することとした。

② 具体的な実践例——Aさんへの手立て——

（1）対象生徒について

　通常の学級に在籍する中学1年生の女子（以下、Aさんとする）である。小学校では2回転校をしている。4年生から特にひどい「いじめ」に遭い、対人関係に不安を抱いている。本人も保護者も人間関係が上手く築けないことに関して疑問を感じたり、不安をおぼえたりしてはいたものの中学校という新たな環境に身を置くことで、その不安や疑問は解消されると考えていた。しかし、中学校入学直後から周囲と衝突したり、自らの発言に対して教師からの指導を受けたりする場面が増えてきた。そのことについて本人は、なぜ自分は上手く人間関係が築けないのかと悩むことが多くなってきていた。そのため、5月の終わりに保護者との面談を行い、小学校生活の様子を聞き取ったり、学校の様子を報告したりしながら、Aさんの対応について話し合った。保護者はすぐに、専門機関で病院を紹介してもらい、6月下旬から病院を受診することになった。7月の検査で「自閉症スペクトラム」と診断を受け、1〜2か月に1度受診をしながら、スキルトレーニングを実施してもらえることになった。下記に示す**表1**は、Aさんの学校生活での様子である。

表1　Aさんの学校生活の様子

学習面	○授業に集中し、発表にも積極的である。 ○読書が好きで、推理小説を好んで読む。 ○課題は期限内に提出でき、忘れ物もほぼない。 ○作業が伴う場面では、やや遅れを感じる。また、勉強面でのつまずきがストレスとなり、夜中にうなされたり、泣き出したりする。 ○道徳や学活の中で、「友情」「協力」「いじめ」という言葉が出てくると顔を上げることができず、ワークシートにも自分の考えを記入しない。 ○グループ活動には参加するが、常に自分の考えを押し通そうとする。

	○活動的な学習の場面において要領のよくない相手に対しては、厳しい発言をするため、周囲の生徒が困り果て、同じグループになることを拒むこともある。
生活・行動面	○与えられた仕事に積極的で、責任感も強い。 ○清潔感があり、整理整頓ができる。 ○運動部に入部以来、部活動には熱心で、1日も休むことなく参加している。 ○一人で行動することが多く、不満気な表情を見せることが多い。 ○昼休みは読書をするか、一人で校内を歩きまわることが多い。時々同じ部のメンバーと10分ほど会話をする。 ○心の中で思っている不満の感情が、直接声になって出ることがあったり、相手に軽くぶつかって怒りを表現したりすることがあったりするため、周囲の生徒から対処の方法に戸惑うなどの相談が教師に寄せられる。
対人関係面	○物怖じせずに、自分の思ったことを堂々と発言できる。 ○部活の顧問に対しては礼儀を重んじ、信頼を寄せている。 ○場の雰囲気を察して発言することが苦手なため、周囲の驚くような発言をする場面が、学級でも部活動においても多々見られる。 ○相手を傷つけるような発言をした際に、その理由と状況を説明させると、整然と話すことができ、感情的になることはない。ただし、記憶が書き換えられる場合があり、自分が正しいと思ったことは、意地を張って主張し続けることがある。 ○相手の感情を推し量ることができないため、不満に感じたことはすぐに本人に伝えないと気が済まない。また、怒りをどのように抑えてよいか分からない。 ○母親の言葉に敏感である。母親との関係が、本人の心の成長に大きな影響を及ぼしている。 ○話題に乏しく、友達との会話が続かない。

（2）分　析

①　WISC－Ⅳの診断結果より

　表2は、WISC－Ⅳの診断結果である。

表2　WISC－Ⅳ結果（7月実施）

項　目	診　断	見　解
全検査（FSIQ） 言語理解（VCI） ワーキングメモリー（WMI） 処理速度（PSI）	平均	四つの項目については、平均値を示しているが、言語理解と処理速度に若干の落ち込みが見られるため、授業中の作業場面に配慮の必要性がある。

知覚推理（PRI）	平均の上	すでに知っている物事から、新しい物事を予測する力は優れている。

②　臨床医の診察及び診断より

表3　臨床医による診断及び診察結果（8月）

学　習　面	検査結果で大きな落ち込みは見られないが、作業に遅れを伴う場合があるため、こまめな声かけと見届けが必要である。また、作業の途中で別のことを要求されると混乱するため、一つの作業にできるだけ集中できる環境づくりが必要である。また、自分では、なかなか「分からない」ことを口にできずにストレスをため込むので、常に分からないところがないかを教師側で確認する必要がある。
心　理　面	小学校時代の「いじめ」がトラウマとなり、対人関係に大きく影響をしている。トラブルとなった具体的な場面を振り返らせ、自分がどのように対応していけばよいかをスキルトレーニングしていくことで、改善する方向へと進むことが期待できる。

（3）支援の実際

　分析及び、指導医の診断から、特に対人関係に関する支援方法を考え、実践することとした。表4は、本人が訴えた悩みとそれに対する医師の助言及び、助言を受けた後の教師の支援の方法である。常に三者が連携をとりながら支援の方法を探り、学校でできる声のかけ方、支援の仕方についても教えていただきながら対応を試みた。

表4　生徒・医師・教師の具体的な関わり

	本人の様子	医師の診断・助言	教師の支援
4〜6月	人間関係に悩み、苦しむ場面が多く、トラブルが多発する。小学校時代を思い出し、涙を流す場面もあるが、意地を張って元気であるように見せたり、相手が一方的に悪いという考えを変えられなかったりして、とても苦しむ姿が続いた。		5月の早い段階で保護者と連絡をとり、専門機関との連携を勧めた。 　悩みを打ち明けられるようにするために、生活の記録に自分の気持ちを記入することを勧めたが、抵抗を示した。そのため付箋に悩みや腹の立つことを記入して、上から貼り付けて提出するようにさせた。

夏休み	部活動に打ち込み、安定している。	検査結果「自閉症スペクトラム」との診断を受ける。	学校で顔を合わせた際に、声かけをし、励ますように努める。
9月	怒りのコントロールの仕方が分からず、悩む。本人から怒りの抑え方を教えて欲しいと訴えてくる。	トラブルが起きた場合の場面の振り返りと、様々な場面での相手との「話型」の訓練を開始する。	トラブルが起こった際の怒りのコントロールの仕方について絵を使って示したり、母親の意見も取り入れながら考えさせたりした。最終的には、自分だけの怒りのコントロール方法を身に付けるように指示した。
10月	合唱の練習を機に友達との交流が増える。休日に初めて友達と外出もできた。	相手の気持ちを察するようになったことはとてもよい。自信をつけさせるように励ましの言葉をかけて欲しい。	道徳の時間を利用して、自分の内面を開示し、周囲の理解が得られるような期待を込めた取組を実施した。学級だけでなく、学年全体でも実施することとした。
11・12月	積極的に人前に出て、指示する立場になりたがる様子がある。気分が乗らない場合の対処方法を尋ねてくる。	とても責任感が強いため「自分だけに与えられた仕事を達成した」という満足感が得られるようにして欲しい。そして、それを褒めることで不安が解消され、意欲が喚起される。	専門委員長に立候補させ、仕事内容に責任をもたせるために皆の前で発言する場面を増やした。また、係活動の中に日々のチェック活動を取り入れさせたり、ベルマーク回収の係を担当させたりして、責任感をもたせた。気分が乗らない場合の対処については、具体的な場面について詳しく話を聞き、母親と連携しながら、言葉かけのタイミングを計るようにした。
1月	生活の記録に自分の気持ちを表現する言葉を多く記入し始める。しかし、不器用な相手に対して攻撃的な言葉を浴びせる場面が再び見られることもあり、周囲の生徒も不安に感じている。	周囲が見え始め、相手の気持ちを推し量ろうと努力している様子が見られる。ストレスをため込まないように、適宜話を聞く場の設定も必要である。	１日に１度、確実に本人と関わる時間を設定するようにした。人から見えない固定の場所に入ることで安心して気持ちを伝えようとすることができるためである。「今日は……」という会話の最初の言葉を投げかけることが有効であるように感じた。

（4）具体的な支援の実際①

　写真1は、「怒り」の
コントロール方法を学
ぶ際に用いたものであ
る。怒りの感情がこみ
上げた際に、指で数を
数えて気持ちを落ち着
かせる方法や別の部屋

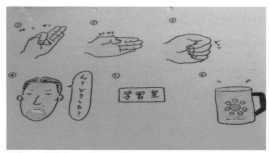

写真1　怒りのコントロール

に行き、気持ちをクールダウンさせる方法などから一つを選び、本人に
決めさせる。本人は、指を折って6秒数える方法を選び、実践すること
を決定した。母親とも連携しながら自宅でも実践してもらうこととし、
このコントロールを学んで以降は、暴言を吐いたり、相手に対して怒り
の感情を即座に見せたりすることは減ってきた。

（5）具体的な支援の実際②

　写真2は、道徳の時間に、自分の
内面で直したいところを皆に知って
もらい、周囲の支えを得ながらその
悩みを克服することを目的とした授
業で用いたワークシートである。10
月に入り、随分と自分自身の感情を
コントロールでき始めた時期に取り
入れたところ、すぐにワークシート
を記入し、皆の前で堂々と発表する
ことができた。人と関わることが苦
手であることや、考えて発言するよ
うにしたいなどといった言葉まで書

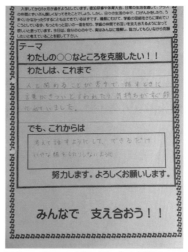

写真2　道徳の時間に用いた自己開示ワー
　　　　クシート

けるようになっている。自己開示することを強く拒んだ時期もあったが、今では「人と上手く付き合っていきたい」「これまでの様々な努力を級友にも知ってもらいたい」と考えるようになってきている。また、この授業以降、本人は自分から話しかける姿を見せるようになった。

③　その後のＡさんの姿

　Ａさんは、現在も友達との関係が上手く築けずに悩み続けることも多く、日々の声かけが欠かせない状態である。しかし、早い段階で専門機関との連携が図られたことで、保護者も本人も精神的に追い込まれることなく生活ができ始めている。中学２年生になったとき、定期的に病院に通うことの意味や自分自身の性格について母親に相談するようになってきたため、病院の先生から本人に説明をしていただいた。本人は驚いた様子ではなく、自分の周りで先生方や仲間がとってくれていた行動の一つ一つを振り返り、「納得できた。感謝している」と言ったようである。

　今回の取組の多くは、本校の多くの職員の手を借りながら進められたことであり、今後も協力体制を仰ぎながら、支援を続けていきたいと考える。教師、本人（保護者）、病院の三者が上手く連携をとることの必要性を強く感じさせられ、積極的に教師側から情報を発信していくことも大切である。また、専門機関との連携は今後も欠かせないと思われる。Ａさん以外にも、支援を必要とする生徒が学級内に存在する。その生徒に対して、どのような支援ができるかを日々模索し、即座に対応できるように教師側も専門的な知識を身に付ける必要があると実感した。

【参考文献】
文部科学省　（2012）「通常の学級に在籍する発達障害の可能性のある特別な教育的支援を必要とする児童生徒に関する調査について」
『WISC－Ⅳの臨床的利用と解釈』日本文化科学社
『自閉症スペクトラムがよくわかる本（健康ライブラリーイラスト版）』講談社

中学校：通常学級における基本的な考えと方法

授業づくりや環境整備の工夫

岡山市立岡山中央中学校 主幹教諭　**國富聖子**

 ## 1 中学校・通常学級における特別支援教育の必要性

　問題行動を抱えた生徒には、特別支援教育を必要としている場合も多く存在している。文部科学省が平成24（2012）年度に実施した「通常の学級に在籍する発達障害の可能性のある特別な教育的支援を必要とする児童生徒に関する調査」の結果は約6.5％程度の割合で通常学級に在籍している可能性が示されている。中学校では軽減して4％とも言われる。

　私が「中学校の通常学級において特別支援教育の視点が必要」であると痛感したのは十数年前である。担任した3年生の生徒は1・2年生と問題行動を繰り返していた。授業中、突然教科書を破って廊下に捨てる。注意されたことに腹を立て、自分の机と椅子を廊下に投げる。教師の制止を振りほどき、3階のベランダから飛び降りようとする。困り果てた母親が当時の担任の勧めで、病院に行くと「広汎性発達障害」という診断を受けた。3年生で担任するときに、医師のアドバイスを受けて教室環境を整え、指示の仕方を変えるとその生徒は見違えるように落ち着いた学校生活を過ごすことができた。教室内の環境整備や指示の仕方の工夫は同じ教室で過ごす生徒にも様々なよい効果が見られた。このことから、通常学級における「特別支援教育を視野に入れた指導」は、発達障害などを抱えた生徒だけにとどまらず、すべての生徒にとって有効な学

習指導と生徒指導のベースとなること、また、学級や学校全体が落ち着いた状態になることは、様々な困難さを抱えた生徒にとっても良い影響を与えると考えている。

② 授業づくり

（1）授業の中に生かしたい特別支援教育の視点

　特別支援教育の視点から授業を見直すと、どんな生徒も「分かりやすい」「楽しい」と感じることができる授業の工夫やヒントを発見できる。聞く力が弱い生徒、読む力・書く力が弱い生徒、覚える力が弱い生徒、集中しにくい生徒など様々な苦手を抱える生徒がいることを想定した授業を組み立てるためにポイントとなるキーワードは「構造化・視覚支援」「説明力」「情報の出し方」である。本校には特別支援学級が４種類（情緒・自閉、知的、難聴、弱視）あり、特別支援教育に長く携わっている教師がよく口にするキーワードが「構造化」「視覚支援」である。「構造化」とは、場所に役割を持たせる、スケジュールなどを見える形にするなど、自閉症やアスペルガー症候群のトレーニングで大きな効果を上げているTEACCHプログラムの手法の一つとしても知られているが、今回は役割を明確にする、見通しを持つという捉え方を行った。「視覚支援」は見えにくく理解しにくいものを目に見える形にして生徒の理解を支援すると考えて取り入れている。

（2）本時のスケジュールを黒板で生徒と共有する

　授業の始まりのあいさつはチャイムと同時に行われ、終わりのあいさつもチャイムと同時に行われる。今何をすべきか、次には何をすればいいのか、教科の特性を踏まえて、いくつかの場面を設定してそれを示しておくことで、生徒自身は見通しを持って授業が進められる。「発達障

害を持つ生徒は見通しが持てないと不安になる」と言われるが、それはすべての生徒にとって共通の思いであろう。そこで、本時のスケジュールを授業が始まる前に黒板に示すことを提案したい。小黒板を使っても、黒板の隅に記入してもよいが、「この授業は、この位置に示される」と決まっていると生徒は混乱がない。

　指導案を立てるとき、時間配分は必ず行うと思う。しかし、すべての授業で指導案を立てるのは忙しい業務の中では難しい。毎時間の授業の流れを授業時間前に板書することは、教師にとっても授業の組み立てをイメージすることができる。

　これは前出の「構造化」「視覚支援」での関わりとなる。例えば本校の国語の授業では、授業の始まりのあいさつ、漢字テスト、前回の復習、そして今日の授業のめあてを持って学習する。最後にまとめを行った後、あいさつで終わる。美術の授業では、授業の始まりのあいさつ、前回の学習内容の確認、本日の学習、道具の準備、片付け、振り返り、あいさつで終わる。こだわりの強い生徒や集中力が継続しにくい生徒もスケジュールが示されていることで授業への取組の姿勢に変化がみられる。周囲の生徒も自身が行動するだけでなく、時間が明記されていることで「○○時になったから片付けをしよう」と他者へ関わりのある声かけを行うことができる（**写真１・２**）。

この時間のスケジュールを事前に記入

写真１　特別支援学級の授業の板書

写真２　通常学級の授業の板書

（3）目標＝めあてを示して授業に取り組む

　現在、岡山市では市内の学校すべてで目標＝めあてを示し、最後にまとめを行うことが推奨されている。本校でも黒板にめあてを示し、この授業で身に付けたい力を目標としてイメージさせている。このような「視覚支援」を行うことで、アスペルガー症候群などこだわりの強い生徒は、目標が明確になり授業に集中できる。このめあては「分かりやすい言葉」で「簡潔」に黒板に示されていることにより、授業時間中、意識して過ごすことができる。

（4）ワークシートと板書

　多くの情報を処理することを苦手と感じたり、黒板のたくさんの文字を写すことに困難さを感じる生徒は少なくない。ワークシートの活用は、「視覚支援」として授業の流れの理解を促すことや、文字を写すことだけで疲弊し学習意欲を失うのを防ぐ。

　授業者はワークシートのキーワードを黒板に書くのではなく、授業のまとめをするとき、生徒が黒板を見ると本時の授業の流れが理解できるようにする（**写真3・4**）。どの部分が重要なのかが分かりやすいように重要語句はチョークの色を変えたり、枠組みを使うなど、生徒の注意を喚起するよう工夫したい。

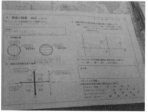

写真3・4　授業の内容をワークシートによって、簡潔にまとめる。

（5）学習環境を整える

　理科の実験や実技教科では、道具や材料が必要となる。ここでは「構造化」の視点を取り入れて準備を進めたい。つまり、必要なものが整え

られていること、仕分けされて何を使うか視覚的に理解しやすいことである。授業前にケースやかごに必要なものを必要数入れて置かれていると、生徒は準備も片付けもスムーズに行うことができる（**写真5・6**）。学習班の形態で授業を進めると、移動する人数も絞られるので、雑然とした雰囲気が防げるだけでなく、数量の確認も複数でできる上に生徒同士の協力を促す効果もある。

教材提示装置などのICTを活用すると「視覚支援」によって学習意欲の低下を防止することもできる。教科書の何ページのどこを見ればいいのか、ワークシートやノートのどこに答えを書けばいいのか自分の手元と同じものが大きく提示されるので見比べることができる（**写真7・8**）。

写真5　特別支援学級では個別に

写真6　通常では班別に準備

教材提示装置
の活用例

写真7　手元のワークシートと同じ内容
　　　が生徒の理解を進める

写真8　教科書を開いておくだけでも、何
　　　ページのどこを見るべきか理解しやすい

（6）グループワーク・班学習を取り入れる

　本校では授業の内容によって、ペアワークや3〜4人の班学習を積極的に取り入れている。一斉授業では、今何をすべきか理解しにくい生徒も、同じ教材を使って学習している同級生の姿は、よいモデルとして映

写真9　班学習による学び合い

る。教科書のページ、ノートやワークシートのどこを今勉強しているのか、実技教科ではこの作業で合っているのか、不安なときに声に出して聞かなくても間近で確認できる。話を一方的に聞く一斉授業では、分からないまま過ごしていた生徒が、自分の目で確認する「視覚支援」を受けることができるだけでなく、同級生との学びによって異なる視点からの考え方など刺激を受けることができる（**写真9**）。

写真10　班で協力して短歌を教える

　班学習も、導入当初は実施する教科も少なく、私語等も気になる状態だった。しかし、現在はほぼすべての教科で目的に合わせて授業形態を変え、ペアワークや班学習を取り入れている。当初に比べ机の移動や場面での切り替えもスムーズになった。積極的に意見を交わし、私語も減るなど、学習効果も上がっている（**写真10**）。同級生と学びを共有すること、学びのモデルが身近にあること、異なる考え方など意見交流ができることなど、特別に支援の必要な生徒にとっても、そうでない生徒にとっても、効果的な学習形態となっている。

（7）授業規律の徹底を図る

　授業を成立させるために、授業規律を徹底させることは是非全校で取り組みたい。その第一歩は「話を聞くときは、きちんと聞く」ことである。学習環境が整えられ、様々な工夫が取り入れられても生徒の耳に届かなければ学習効果は望めない。授業開始より少し早めに教室に足を運び、休憩時間に授業準備がされていること、その授業に必要ないものは机上にないことを確認しておきたい。話をする際にも「短い言葉で」「順を追って」「みんなに分かりやすい言葉で」「キーワードは板書する」ことを意識すると生徒も集中できる。禁止事項ばかり挙げるのではなく、よい言動を称揚することにより前向きに努力できる雰囲気になっていく。

　教科によってルールが異なる場合もあるが、大切なのは「ルールが分かりやすい」「どの生徒も納得する」「ルールがきちんと示されている」ことである。授業規律は生徒を縛るものではなく、すべての生徒の学びを保障するものであれば、授業から逸脱する生徒が時にいても、他の生徒が流されることは防げるはずである。

3　学級担任として整えたい環境整備

（1）教室環境のポイント

　特別支援教育において学習環境では刺激になるものをなくし、必要なものを適切な場所に置く「構造化」が大切な環境整備と言われているが、通常学級でも同様である。教室は「学習の場面」「食事の場面」「生活の場面」など様々な役割を持つ。その中で仕事の役割分担が分かる、スケジュールを共有することも含めて「構造化」という概念から整えていきたい。

教室の前面は刺激を少なく掲示物等は最低限にしたい。黒板は、日付と日直の記入だけで休憩時間に前の授業内容をきれいに消す。黒板以外の掲示も時計・日課表など最低限で色画用紙の台紙も寒色か彩度の低い色など一色にしたい。授業に集中するという点で、すべての生徒が落ち着く教室環境になる（**写真11・12**）。据え置きのテレビ（ディスプレイ）や戸棚などもふたをしたり、布で隠したりすると生徒は黒板や授業者などに集中しやすい。

写真11　特別支援学級は教室前面には刺激になるものをなくしたシンプルな掲示物

写真12　通常学級での教室の前面も、校訓・学年目標・時程のみに抑えている

写真13　教室の後方

　側面や背面には「生活の場面」としての機能を持たせる。具体的には当番表などを掲示することで係などの役割分担が明確になる。学級旗は帰属感を持たせるには有効なツールだが、授業中の刺激にならないよう背面に掲示したい。生徒の荷物を収めるロッカーも整理整頓することで落ち着いて、安心できる学習環境につながる（**写真13**）。

　食事の時間である給食は、机を班隊形に整えテーブルクロスを上に敷くことで同じ空間でも場面の違いを意識させることができる。

（2）廊下に機能を持たせる

　作品や感想などの掲示も全員掲示・ファイルの利用を行い定期的に更新することで、学習の成果や生徒の努力を目に見える形で知らせることができる（**写真14**）。廊下に掲示すると教室の情報過多を防ぐと同時に生徒同士の励みになり、他学級の生徒

写真14　教室入口に国語や道徳の生徒意見

や他学年の生徒のよいモデルになる。学年の総合学習のまとめ発表や学年・学級種を越えてのメッセージ交換などカラフルで趣向を凝らしたものも廊下なら可能である（**写真15・16**）。

写真15　特別支援学級と通常学級の交流の場としても機能するのが廊下のよさ

写真16　進路情報は階段の壁面に掲示する。学級の掲示物が減るだけでなく、学級や学年を越えて進路に対して意識付けができる

（3）学級の環境整備の全校での取組

　大切なのは環境整備への取組は学校で統一することである。最低でも学年では統一したい。中一ギャップと言われるように、中学生は変化に弱い。新しい仲間とのスタートで不安な中でも教室や校内環境が見なれた配置にあることですべての生徒に安心感を与える。

　年度当初の職員会議で特別活動担当者から教室周りの環境整備とその

目的について提案をし、共有することで校内の教師の協力体制を整えたい（図1）。年度始めは、異動もあり様々な価値観の教師集団により学年団が形成される。忙しい中、同一歩調を取ることは難しいかもしれないが、新しく中学校生活を迎える1年生だけでなく、進級した2・3年生にもいいスタートが切れる環境を準備したい。

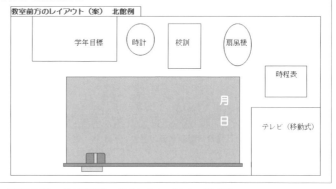

5）教室環境の整備　～特別な支援を要する生徒に配慮できる視点を持って～
→分析と改善策
・前面掲示（前黒板の周辺）には精選した掲示物のみ掲示、クラスの個性は側面や背面を利用して掲示物を貼る。また、台紙なども教室内で色の統一を図り、視覚的な刺激を極力抑える。
・古い情報を発信する掲示物などははずし、必要な情報が適切な場所に貼られている事を目指す。
前面掲示するもの
　　時計・時程表・校訓・学年目標・授業のルール　　＊スペース・色合いによって　学級目標
できれば、背面・側面に掲示して欲しいもの
　　時間割・カレンダー
背面・側面に掲示して欲しいもの
　　給食当番表・掃除分担表・班分担表・学年便り・学級便りなどのお便り類
　　個人目標などの学級の個性を出せるもの
　　総合学習のまとめ、生徒作品など

教室前方のレイアウト（案）　北館例
学年目標　　時計　　校訓　　扇風機
時程表
月日
テレビ（移動式）

図1　年度始めの職員会議　特別活動・学級づくり提案（抜粋）

（4）座席面での配慮

授業に集中しにくい生徒や落ち着きのない生徒は、様々なことが刺激になり、私語が増え、時として授業妨害にもつながる。医療機関にかかっている場合は、主治医と相談をしながら教室環境や席の位置を決め

る。しかし、診断名の有無に関わらず気になる生徒に関しては「他の生徒」「窓の外の風景」「廊下を通る人」など様々な刺激や影響を少しでも受けにくい座席を最前列、壁際、窓際、最後列から考える。

　逆によい刺激も必要な配慮として考えたい。具体的には困ったときに参考になる級友、該当生徒にとって受け入れやすい注意をしてくれる同級生などがこれに当たる。特に男子中学生にとっては、近くの席によいモデルとなる生徒がいてくれることはとても重要である。小学校とは異なり担任がいつも教室にいるわけではない。指示が理解できていないとき、自分に自信がないとき、周囲の生徒の手助けで落ち着いて授業に臨むことができる。支えてくれる仲間とのつながりは、分かる授業以上に思春期の生徒にとって素晴らしい財産となる。

　担任として、周囲の生徒が負担に感じていないか、他の生徒がどのように感じているか、リーダーが支えているか等に気を配るほか、生活ノートや給食時間、放課後に教育相談的な関わりが必要なのは言うまでもない。

（5）通常学級の経営に生かしたい特別支援教育の視点

　通常学級を経営していく上で、日々困難さを感じるときがあると思う。雑然と騒がしい教室、成立しづらい授業や学活、連続する生徒指導、様々な問題が日々起きているときこそ、特別支援教育の視点が解決策を見いだすのではないか。その一つとして環境を整えることがある。それ以外にも特別支援教育の指導法で基本と言われることが、通常学級の経営にも有効ではないだろうか。

　特に有効と思ったものを下に箇条書きにしているので、参考にしていただきたい。

　　○困難さを感じる状況を、1人で抱え込むことなく、学年・学校で共
　　　有し、様々な視点で対応を検討する。

　　○全体への指示や声掛けは「簡潔に」「分かりやすい言葉で」「文字化

して」「前向きな言葉に代えて」伝えることを心掛ける。

○耳だけでなく、目でも確認できるように板書・掲示物を使って「キーワード」で伝える。

○禁止での指導はなるべく避ける。

○全体にも伝わるようによい行動は称揚することで、正しい価値観が共有できるようにする。

○正しく生徒に伝わっているか、確認を怠らない。

○期限の過ぎた掲示物は速やかにとる。スケジュールや指示は終わったら消す。生徒の混乱を招く不要な情報は排除する。

4　校内外の連携体制や今後の課題

（1）特別支援教育コーディネーターの役割

　コーディネーターを特別支援学級の担任や特別支援学級の主任が兼務する場合、通常学級の保護者との面談を行うと「特別支援学級への転籍を勧められている」と感じることが多いようだ。

　勤務校ではコーディネーターは2人体制をとっている。特別支援学級、通常学級と窓口を分けているが協力して対応に当たる。通常学級は、授業などで生徒との関わりがある教師が担当する。通常学級が窓口となることで、不安な気持ちで来校している保護者の緊張感が軽減される。面談では2人が対応する。特別支援教育の担当者も専門性のあるアドバイスができ、二つの視点で説明することが保護者の疑問や不安感を軽減しているようである。

　もう一つの役割として生徒指導委員会への参加がある。生徒指導と異なる視点で問題の解決に向けて意見を述べる。該当生徒が特別な支援を要する生徒か、特別支援教育の手立てで有効なものはないか、相談窓口の必要性など考えたい。

今後の課題としては、ケース会のコーディネート等の役割分担、多くの関わりのある教師、関係機関との情報の共有が考えられる。

（2）関係機関との連携

病院・児童相談所・地域の民生委員・警察など、中学校と共に生徒と保護者を支える関係機関との連携は、担任や学年主任を中心に管理職や生徒指導主事と協力して進めていきたい。日常の情報の共有・記録・定期的な校内ケース会議を積み重ねたのち、外部機関も招いてケース会を行う。外部機関との連携は、専門的なアドバイスを受けられるので、積極的な連携を勧めたい。生徒と保護者へ効果的な支援の方法、新たな指導法の示唆だけでなく、中学校卒業後のサポートの依頼というメリットがある。

保護者を関係機関とつなぐ際には、「学校から見捨てられた」などの気持ちを持たれないよう配慮する。少しでも不安感が払拭できるように事前に情報を集め保護者に説明していく。専門領域、面談・通院時間、ドクターや相談窓口が男性か女性か調査して、保護者と本人に適していると思われる窓口を数か所選び、保護者に選択できる余地を持たせる。学校外の関係機関とつなぐことは、中学校卒業後も生徒と保護者を支える窓口への橋渡しである。

（3）学校としての体制を整えていくための今後の課題

授業や学級経営など様々な提案を行ったが、大切なことは学校として統一を図ることである。素晴らしい授業や学級経営を行ったとしても、一個人としての教師、一つの学級だけの実践では、生徒への支援としては完全ではない。特別活動や生徒指導の観点から見ても、学級差、教師差は、よい方向には現れない（**図2**）。

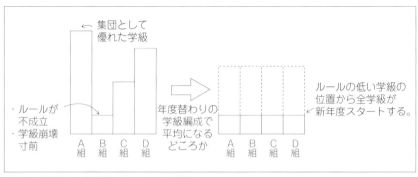

図2　学級差、教師差がもたらす課題

　中学校は小学校と異なり、教科担任制により生徒は毎時間違う教師と接する。多様な価値観を得られるよさと同時に、異なる指示により混乱や不安を感じることもある。学級の環境整備、授業でのルールを校内で統一すると、生徒が戸惑う場面を軽減できる。しかし、教職員にとって教科や経験年齢を超えて今までのスタイルを変更することは難しい。本校でも教室環境の整備は提案を毎年続けた結果、少しずつ統一された。各教師の個性や経験を生かして、学校として何を統一するべきか研究し、取り組むことが今後の課題である。

　最初に示したように中学校の通常学級の中に特別な支援を要する生徒の出現率は約4％と言われている。しかし実際の教室の中では、互いに刺激し合ったり影響し合ったりした結果、落ち着きを失いもっと高い割合で支援が必要な生徒がいるのではないかと感じることがある。通常学級に特別支援教育の視点を入れることは、すべての生徒に「分かりやすい」「勉強が楽しい」と感じさせることができるだけでなく、学習指導、学級経営など生徒に関わる様々な指導や活動によい影響を与えると考えている。

高等学校：基本的な考えと方法

生徒を全人的に見つめ関わる個別支援の実際

鳥取県立米子白鳳高等学校 教諭　岸信 健

1 高等学校における特別支援教育の現状と課題

　文部科学省（2016）の学校基本調査によると中学校卒業者の約98％が高等学校に進学している。この進学者の中には何らかの障害や学習上・生活上の困難を抱えた生徒も多数含まれることが推測される。実際に、平成21（2009）年3月時点で、発達障害等の困難のある生徒の高等学校進学者全体に対する割合は約2.2％、そのうち定時制では14.1％、通信制では15.7％という結果が示されている（文部科学省、2009）。何らかの支援を必要とすると考えられるこれらの生徒に対して、高等学校においてもどのようなサポートができるか検討していくことは今後ますます重要になっていくと思われる。

　制度面でも、平成19年（2007）4月から、「特別支援教育」が学校教育法に位置付けられ、すべての学校において、障害のある幼児児童生徒の支援をさらに充実していくこととなった。高等学校でも校内委員会が設置され、特別支援教育コーディネーターが指名されるに至っている。文部科学省（2005-2017）の調査でも平成19年度から平成28年度にかけて、全国的に高等学校でも校内委員会やコーディネーターの設置などは進んできており、ほぼ100％と小中学校と変わらない状況に近づいてきている。

　一方、研修の機会については平成27（2015）年度の調査では公立小

学校で約90％、公立中学校で約80％、公立高等学校で約75％と校種ごとに若干の差がみられる。さらに、同じく平成27年度の調査において個別の指導計画や個別の教育支援計画の作成については高等学校では小中学校に比べて半分以下となっており、あまり進んでいない状況もうかがえる（文部科学省、2005-2017）。

　高等学校で個別の指導計画や個別の教育支援計画の作成率が低い原因として「作成する必要がある該当者がいない学校」の割合が小中学校に比べて非常に高いことも一因と考えられるが、本当に該当者がいないのか、該当者の把握が十分できていないのかの検討を行う必要もあるのではないかと思われる。以下に、小中学校と高等学校の特徴の主な違いを整理し、高等学校における特別支援教育の課題について考えていく。

② 高等学校の特性と特別支援教育

　高等学校と小中学校の間には制度や仕組み、学校の持つ特徴などに違いがあり、その違いは教職員、生徒、保護者の意識等へも影響を与えていると考えられる。特に、生徒・保護者にとっては、これまで過ごしてきた小中学校と高等学校のギャップに戸惑うことも少なくないと想定される。そこで、以下に、高等学校と小中学校のいくつかの違いとそれによって生じる影響について整理する。

（1）制度や仕組みの上での違い

①　義務教育かそうではないか

　やはり、高等学校と小中学校の最大の違いは義務教育かそうでないかという点であろう。述べるまでもなく本人・保護者が入学を希望して就学するのが高等学校であり、必要な単位修得等を経て卒業するかどうかも本人の意思によるところがある。この側面が、教員側にも、生徒・保護者側にも様々な場面で影響を与えている可能性がある。

② 入試があるかどうか

　高等学校では基本的には（筆記試験、面接試験、書類選考など様々な形があるにしても）入学試験を行い、これに合格した生徒の入学が前提となっている。したがって、障害のある受験生には受験においても合理的な配慮が必要である。

③ 学校間、課程間、学科・コース間での特色の多様性

　高等学校は小中学校と比べて学校ごと、課程ごと、さらには学科・コースごとの特色や体制の違いが多様であり、生徒が入学時に抱いていた思いと学校の特徴との間でのミスマッチが生じることもある。特に専門高校（商業高校、工業高校など）に在籍する生徒は高等学校の生徒数全体の約18.5％を占める（平成28年度文部科学省「高等学校の現状」）が、専門高校は高等学校における職業教育を担っている側面もあり、中学校3年生の時点で将来就きたい仕事などが明確でない生徒が専門高校に進学すると、高校で学習する内容や、高校での進路指導と本人の高校卒業後の進路希望などの間に乖離が生じる可能性がある。

④ 卒業後の進路の違い

　小・中学校の進学先は、多くの場合一つ上の上級学校、すなわち小学校であれば中学校、中学校であれば高等学校であるが、高等学校卒業後の進路先は多岐にわたり、生徒にとっては社会への出口の意味合いを持っている。したがって、高等学校における教育の目標もともすれば生徒の就職率や進学率になりがちである。

⑤ 特別支援学級や通級による指導の有無

　学校教育法第81条第2項により、高等学校にも特別支援学級を置くことができるとされているが、実際には設置するに当たっての具体的な規準等が定められていないため、特別支援学級が置かれている高等学校はない。また、高等学校においても通級による指導が制度化され平成30（2018）年度より実施されることとなったが、平成29（2017）年度現在では通級による指導を行っているのは研究指定校などと、学校設定

科目で通級に類する指導を行っている一部の高等学校のみである。そのため現時点では小中学校よりも「障害のある生徒もない生徒も共に学ぶ場」という雰囲気が少ないように感じる。

⑥　生徒の成長段階の違い

　高校生の時期は一般には思春期の後半に当たり、自我や自尊心などの面で成人といってもよい側面と、まだ幼さを残す側面が両存している。また、高校進学を機に、中学校まで受けていた支援をなくしたい、高校では障害についてオープンにしたくないという生徒もおり、支援が遅れたり、行えなかったりするケースもある。

⑦　関係機関や教職員以外の専門家との連携

　高等学校へのスクールカウンセラー、スクールソーシャルワーカー等の配置も進んできており、教員の立場からのアプローチだけでは対応が難しい問題についても様々な専門家の立場から助言、協力が得られるようになっている。進路に関しても、就職についてはキャリアアドバイザーが関わったり、ハローワーク等と連携したりすることは比較的以前から行われてきた。さらに、障害のある生徒であれば、障害者職業センター、障害者就労・生活支援センター、行政機関等との連携も少しずつ進んできている。

⑧　中学校との情報の引き継ぎについて

　特別な教育的支援を必要とする生徒が中学校から高等学校へ進学する際に必要な情報の引き継ぎは適切に行われる必要がある。他県でも同様の取組は行われているのではないかと思うが、鳥取県では県立高校において平成23（2011）年度入学生より、「特別な教育的支援を必要とする生徒に関する必要な情報の引継」を行っている。引き継ぎでは個別の教育支援計画を活用するなどして、高等学校進学に際し、本人・保護者の理解と了解の得られた生徒について、中学校から進学先高等学校に必要な情報を引き継ぐことにより、生徒の高校生活における指導・支援の充実を図ることを目的としている。

（2）懸念される問題等

　①「義務教育かそうではないか」、②「入試があるかどうか」に関しては、高等学校における教育は義務教育ではない、また、生徒が高等学校を選択した上で入試を経て入学している、という点から、教員側に「生徒はうちの学校を自分で選んで入学してきているのだから、学校のルールや仕組みの中で頑張ることができる生徒であれば応援する」という意識が生じる可能性がある。また、③「特色の多様性」とも関連して生徒が入学時に抱いていた思いと学校の特徴との間での生じたミスマッチにより、転編入により学校を替わる、あるいは辞めて別の道へ進むという選択をする生徒もいる。

　ただし、学校を替える、あるいは辞めて別の進路へ進む、という道があることは必ずしも悪いこととは言えない場合がある。実際に、全日制課程になじめなかった生徒が定時制課程や通信制課程に転・編入をして順調に卒業し、希望の進路へ進むということも少なくはないし、専門学科・コースに進学した生徒が「自分の本当にやりたいことはこの学科では学べなかった」と気付いて別の学科へ替わる、ということも悪いことではないであろう（その際には多くの場合やはり転・編入により別の学校に移ることになる場合が多いが）。

　しかし、障害があることによって学校にうまくなじめない、本当は通いたいのになかなか通えない、という生徒にも同様に、「うちの学校に合わせられないのであれば別の進路を選んでくれてもいい」という態度で教員が接してしまうことはあってはならないことである。また、そのために実際に学校を辞めてしまう生徒が出ないように、どのような支援ができるか個別に検討していくことが大切だと感じる。

　生徒・保護者の感じるギャップとしては、「一定条件をクリアし、単位修得をしていかないと卒業できない仕組み」というものに、なじみがないのではないだろうか。高等学校では<u>必履修科目</u>*1を<u>履修</u>*2しなけ

れば卒業はできない。また、各学校が定める一定数の単位を修得することも卒業に欠かせない。修得についても、例えば高等学校の「数学Ⅰ」を修得したと認められる基準まで数学の学習が達していないと、単位認定には至らない。

> *1：高校で必ず学ばなければならない、教科ごとに定められている科目。例えば数学であれば現行の教育課程では「数学Ⅰ」を必ず学ばなければならない。
>
> *2：「学んだ」と言える状況まで学習を終えることができたこと。ただし、単位を認めるに足る成績をおさめなければ履修はできても修得には至らない。

1でも述べた高等学校における特別支援教育の現状と課題のうち、個別の教育支援計画等の作成率が小中学校に比べて低い、あるいは作成されても十分に活用されていない現状には、そもそも特別支援学校や小中学校の特別支援学級の教育と高等学校の教育の目指すものが少し異なっていることがあるのではないか。高等学校では生徒の卒業後の目標へ向けて主に教科の学習などを通じて「力を付ける」「能力を高める」ことが教育の目標になりがちであり、これは障害の有無にかかわらず、在籍する生徒皆に等しく設定されることが多い。このような目標のもとで教員が生徒に求めることは、高校卒業へ向けた単位の修得、卒業後の進路へ向けた力の涵養などに傾注しがちである。

⑧「中学校との情報の引き継ぎ」については、少なくとも鳥取県では仕組みに則った引き継ぎは進んできていると感じる。しかし、前記⑥の生徒の思い、もしくは保護者の思いとも関連し、引き継ぎが必要であったと考えられるすべての生徒の情報が引き継がれるわけではない。

また、課程によっては前籍校が中学校とは限らず、引き継ぎが途絶える可能性が否めない。例えば、私は現在通信制課程に勤務しているが、在籍生徒の約半数は転入・編入により入学してきている。特に編入の場合は前籍校を一度退学してから再度の入学となるため、退学から時間がたっているような場合には、仮に引き継ぎが必要であったとしてもス

ムーズに行えないこともあり得る。

③　生徒との関わりの例

　次に私がこれまで勤務してきた学校で経験した生徒との関わりと、そこから私が学んだことを述べる。

（1）障害の診断があったＡさんとの関わり

　Ａさんは中学校から入学してくるときに保護者から、特定の苦手があり障害の診断があると申し出があった生徒だった。当時、特別支援教育担当になったばかりであった私は、その障害に対する理解もあいまいであったが、書籍等をもとに、いわゆる「特性」について調べた。さらに、特別支援教育に詳しい先輩から事前にいくつかの確認や説明をし、約束事を決めておいた方がよいというアドバイスを受け、私は入学前に本人に一度学校へ来てもらい、打ち合わせをすることにした。

　打ち合わせ当日、Ａさんは少し緊張した様子で現れた。Ａさんに安心してもらおうと思い説明や提案を行ったが、Ａさんの様子は「安心」というよりはただ「提案を受け入れている」という印象で、Ａさんの方から特に不安や要望が出てくるわけではなかった。

　学校生活が始まってみると、Ａさんは最初こそ少し戸惑った様子だったが、すぐに学校になじんで生活するようになり、私が心配したような事柄で特に困っている様子はなく、友人もできて順調に学校生活を送るようになった。担任にも私にもＡさんの方から困っているという訴えや相談はほとんどなく、私は拍子抜けしたような、安心したような気持ちであった。

　だが、Ａさんの順調な学校生活はやがて少しずつ変わってきた。表情が時折さえなかったり、少し粗暴な行動が見られるようになったりし始め、友人との関係も以前のようにはうまくいかなくなってきているよ

うに見受けられた。しかし、依然としてＡさんは、私を含む教員に特に困っているという訴えをしてくることもなかった。

　だがある日、Ａさんは「教員がきちんと他の生徒に規律を守らせないから授業に集中することができない。何とかしてほしい」と私に苦情を伝えてきた。よく話を聞いてみると、Ａさんの訴えには整合性が合わない部分があり、Ａさんの本当の訴えは何なのか分からなかった。そこでよくよくＡさんに聞いてみると、「授業の時間変更があること」「教室の変更があること」「変更先が大きな教室であったりして、普段と違う環境になること」などがすごく苦手で大きなストレスとなっているということが分かった。これまでうまくやっているように見えたのは、Ａさんの我慢や努力の結果で、どうやらその我慢が限界に来てしまったようであった。

　「であれば、もっと早くに訴えてくれればよかったのに」と私は一瞬思ったが、そもそもＡさんはそのような訴えをすることを自分の中でよしとしておらず、頑張って環境に合わせようとしてきていたのに、もう少し私の方からできるアプローチがなかったであろうかと考えさせられた。

　また、同時にＡさんに対して当初行った提案は、まだ会ってもいないＡさんに対して「この障害のある人ってこういう支援がいるんでしょう？」という押し付けでしかなく（実際私の提案には、Ａさんにとって必要なものもあったが、ほとんど必要のないものもあった）、Ａさんはそのような提案をする私をどのような人間と捉えただろうか、そして今後頼ったり、相談したりしたい相手だと思ってくれただろうか、という自省の念を抱いた。

　Ａさんと接し、話をする中で、「Ａさんが」苦手なことを自然な形でお互いに共有し、それをどう解決するか、解決できないまでも緩和できるかを相談していくべきではなかったかと。そのような時間や関係が、この先Ａさんが他者に対して自分の感じる苦手や困難をわだかまりな

く伝え、伝えることによって他者と解決策を模索できるような力のベースになり得たかも知れないと考えると、一時的、対症療法的な関わりを「支援」だと捉えていた自分自身の過誤に気付かされた。

（2）中学校時代あまり学校生活になじめなかったBさんとの関わり

　Bさんは中学校にあまりなじむことができず、授業には出ないか、出てもほとんど学習には参加しない、友人とのトラブルが多い、いわゆる「問題行動」と呼ばれる行動をよく起こす、という評判で入学してきた生徒であった。

　実際に私が担当している授業でも、教科書も開かずに寝ていたり、学習プリントに全く手を付けずにぼんやりしていたりという姿が日常的に見られ、私はそのたびに注意をした。乱暴な言動を見せることはなかったが、私の目から見てもやはり「やる気のない生徒、ふまじめな生徒」と映った。宿題のプリントはいつも丸々明らかに別人の筆跡で、注意しても「いや、自分の字だ」の一点張りで、「この子は高校に入学して、いったい何がしたいのだろう」とますますがっかりした気持ちになっていった。

　このような関わりが半年ほど続いたころ、ふと私は「それにしても、あれだけやる気はないのに毎回よく授業に出てくるな」とBさんに対する疑問を持った。確かに授業中やる気は全く見せないが、授業そのものには出席してくる。Bさんはどんな思いを持って学校に来ているのだろう。

　その頃から廊下ですれ違うたびに、少し意識して私の方から声を多くかけるようになった。そして、とりとめもない短い会話をするようになってしばらくしたころから、Bさんは少し教科書を開いたり、筆記用具を持ったりしてくれるようになった。たったそれだけのことなのだが、Bさんが何か私に応えてくれている気がしてうれしくなった。しかし、宿題のプリントは依然として誰か他人の筆跡のままであった。

そこで私は宿題のことについてもう一度しっかりＢさんと話をすることにした。それまでＢさんと宿題について話をするときには、私には「注意」「とがめだてる」気持ちが大きかったが、ふと、「せっかく授業に出て、高校を卒業したいなら、このままでは単位が取れないだろう、何とか卒業できるように協力してやれないだろうか」と思ったからである。

　そこで、Ｂさんを呼んで率直に私の気持ちを伝えた。授業を真剣に受けていないように見受けられるが、このままでは定期テストで点が取れるか心配だ。誰かに宿題を代行させているようだが、このような状態ではおそらく単位修得につながっていかないのが残念だ、ということを。

　このときにＢさんは初めて、宿題を代行してもらっていることを認め、「自分は小学校で習うくらいの漢字の読み書きも難しいのだ」ということを教えてくれた。だから教科書は読めていないし、授業プリントの記入も難しいし、宿題もできないと。小中学校のときからそうなのだと。

　私はそれを聞いて本当に申し訳ない気持ちになった。本人、保護者が読み書きに困難があるという申告をしてくれれば配慮ができたかもしれないし、「困っている」という様子を見せてくれれば配慮を考えたかもしれない、「やる気がない」という様子にしか見えなかった、等という言い訳もあるかもしれない。しかし、Ｂさんがこうして困っていることに気付くのに半年以上もかかってしまったのは、教員側（＝私）のＢさんとの関わり方に問題があったということだろう。話をしてくれるのはＢさんだが、話を聞くのは私である以上、２人の間のコミュニケーションは両者の関係の上に成り立つ。Ｂさんにとって私が自分の苦手を打ち明けてもよい、という人間であれば、Ｂさんはもっと早く私にこの話をしてくれたであろうと考えると、私自身が生徒とどのように向き合うべきかを改めて考え直させられた。

4 生徒との関わりにおいて大切にしていきたいこと

　生徒との関わりから、私の特別支援教育についての考え方は大きく変わった。教員となった当初、特別支援教育についてそれほど考えたりしなかった私は、特別支援教育とは「障害のある生徒の特性をよく知り、その特性に応じた生徒への支援・対応を考えること。生徒の能力を高めて障害の状況の改善を目指すもの」だと考えていた（本当はそこまで考えていなかったが、今、当時の私に言葉を与えればそう答えるだろう）。

　しかし生徒と関わっていく中で、自分自身の生徒との関わり方、向き合い方を考えることになった。

　障害の診断のない生徒との関係性であれば、例えば「Cさんはどんな子だろうか」というスタートラインで生徒と関わっていく中で、いろいろとその生徒の特徴や、進路希望、思い、などが少しずつ分かってきて、自分なりに「Cさんはこんな子なんだ（と私は思う）」というCさんの像が私の中にでき上がっていく。

　しかし、障害の診断のある生徒に対しては「Cさんは○○障害」という像が最初にでき上がり、そこに補足的に特徴を付加していってはいなかっただろうかと。

　しかし、「○○障害」という特徴はCさんの特徴の一つではあるが、そればかり見てしまって、Cさんと自分自身との関係が歪んではいなかったかという反省がある。

　Cさんが学校で、社会に出て、困らないように力をつけてほしい、障害の改善ができていたらいい、という思いを教員が持つことはある意味当然のことであるし、そのような関わりが本当に大切な場面も少なくはないと感じる。しかし、そのような思いで関わってくる教員を当のCさんはどのように見つめているかを振り返ってみる視点も必要があると考える。

また、「Cさんは障害があるから○○が困難だ」という認識は本当に正しいのだろうか、とも思う。Cさんと私との関わりがCさんに○○を困難にさせていないか、自問していかなければならない。

　障害は一時的な病気やけがではないのだから、器質的なものを治療したり改善したりすることは難しい。また、「障害」とはそもそも何なのかを考えたときに、その障害による何らかの困難さを個人の問題に帰着させず、周囲の人間や社会などの環境との関係の中に困難の原因を見いだす視点に立てば、何かその生徒に足りていない能力を付けさせようとして現在「ない」ものを求めていくよりも、今「ある」力をいかに使ってその生徒にとって豊かな生活を実現するかを考えていく必要がある。では、高等学校で具体的に何ができるかを考えると、LDだから……、AD/HDだから……という視点に立った支援の方法論ももちろん必要である。しかし、乳幼児期から小学校、中学校と成長してきた少なくとも15年の各々の人生の経験と、様々な思いや願いが入り乱れて高校へ進んできた主体として生徒全体を捉え、障害だけに焦点を当てた関わりにとどまらない関係性を築くことも重要なのではないかと感じている。

　私が以前大学での研修の機会を得た際に、大変お世話になった先生はご自身が障害のあるお子さんを育てられた経験をもとに書かれた本の中で、「学校の時代が終われば、障碍のある子どもは親元や家庭に帰されていきます。そうなると、そこでの暮らしそのものをつくっていくのは親ということになるわけですが、やはり、そこでも求められるのは、『一人ではない』と思えることを支えにした他者や社会に向かう勇気と信頼です。ですから、せめて学校の時代が終わるまでに、障碍のある子ども本人にも親や家族にも、それらを育てておく必要があるのです」（原広治『障碍のある子とともに歩んだ20年〜エピソード記述で描く子どもと家族の関係発達〜』）と述べている。

　まさに、初等・中等教育の締めくくりである高等学校でこのような姿勢を生徒の中に育み、送り出すことができたらと思う。

【参考文献】
原広治（2014）『障碍のある子とともに歩んだ20年～エピソード記述で描く子どもと家族の関係発達～』ミネルヴァ書房、p.237
文部科学省（2009）「高等学校における特別支援教育の推進について～高等学校ワーキング・グループ報告～高等学校における特別支援教育の推進について」
http://www.mext.go.jp/b_menu/shingi/chousa/shotou/054/shiryo/__icsFiles/afieldfile/2009/11/05/1283675_3.pdf （アクセス日2017年8月29日）
文部科学省「特別支援教育に関する調査の結果関連　特別支援教育に関する調査結果について（平成19年）～（平成28年）特別支援教育体制整備状況調査結果」2007-2017年
http://www.mext.go.jp/a_menu/shotou/tokubetu/1343889.htm
（アクセス日2017年8月29日）
文部科学省（2016）「平成28年度　学校基本統計　学校基本調査報告書　卒業後の状況調査　中学校　状況別卒業者数」pp.702-703

小学校：通級による指導と通常学級の指導の基本的な考えと方法

給食指導や教材・教具の工夫を中心に

栃木県鹿沼市立みなみ小学校 教諭　**冨永由紀子**

　通級指導教室は通常の学級に在籍する、障害が比較的軽度であるとされる児童に対して、障害の状態に応じて特別な指導を行うための教室である。障害の状態を改善・克服するための自立活動を中心に、必要に応じて各教科の補充指導を行うことも可能である。

　通級指導教室の利用に関しては、各市町村や学校間で温度差があり、自立活動のみの教室もあれば、教科の補充や教科指導も行う教室もある。勤務校では通級指導教室の特性を十分に生かすために柔軟な考えのもとに教科指導も行っている。教科指導と言ってもすべての時間を取り出しての指導を行っているわけではなく、対象児の認知特性に合わせた学習支援を行っているといった方が分かりやすいと思われる。

　通級指導教室における指導は、対象の児童が通常学級において生活・学習する際に、より生活しやすく、より学習しやすくなるためのスキル指導やサポートであると考えている。生活面においても、学習面においても、重要なのは対象の児童が通常学級において自己実現できるようにすることである。そのため、対人的なスキルを身に付ける指導や各教科の学び方を指導したり、教材・教具を工夫したりして、対象の児童の不安ややりにくさを解消することが目標であると考える。

　そこで勤務校では、通級指導教室の特性を十分に生かすための手立てとして、①児童のやりにくさを早期に発見し、早期に対応していく、②特別支援教育コーディネーターの要請に応じて教育支援委員会を適宜開き、すぐに対応していく、③通級指導教室の利用の有効性を保護者に啓

発することを実践している。

1 通級指導を受けている児童に対する通級指導教室での指導と通常学級での指導

（1）通級指導教室を利用する流れ

　勤務校では早期発見・早期対応の観点、即時対応性、有効指導の三つの観点から図1のような流れを実践している。

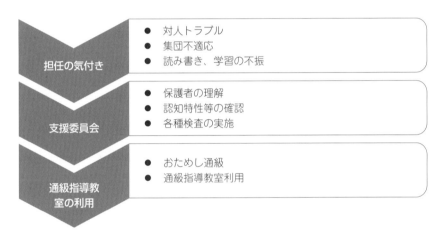

図1　通級指導教室を利用する流れ

　児童の実態を把握しやすい担任の気付きから始まり、支援委員会において通級指導教室の利用に該当するかどうかを検討し、保護者の理解を得て、「おためし通級」と呼ばれるトライアル期間を実施し、児童本人と保護者の希望に応じる形で通級指導教室を利用することになっている。通級指導教室の利用に関して、戸惑い、不安になる保護者や児童も「おためし通級」でその有効性を確認し、納得して利用することができる。また、通級指導教室の利用に関しては、児童の課題が解消されたときには、通級指導教室の利用を終了することもある。

（2）通常学級での指導

　通常学級での生活しにくさや学習しにくさは、集団生活・一斉指導に起因しているところが大きいと考えられる。決められた時間内に行動することや一度の指示で行動すること、行き違いや思い込みによる対人トラブルなど、学級集団での逸脱が目立ちやすい。さらに、学年を追うごとに逸脱の目立ち方は顕著になり、仲間外れやいじめに発展しかねない。そこで、勤務校ではできるだけ低学年のうちに課題を解消し、不安や失敗を回避するように心がけている。

　学習面においても、読み・書き、計算、漢字、読解、不器用などの課題をできるだけ低学年のうちに発見し、対応していくことが大切である。そのためには、通常学級の担任による気付きが大切である。そこで、勤務校では、特別支援教育についての現職教育を年に3回行い、担任が児童のやりにくさに敏感になれるよう、研修の機会を持っている。

　通常学級での指導においては、担任の配慮が必要である。通級指導教室を利用している児童の生活しにくさ、学習しにくさを理解し、目立たない形で支援していくようお願いしている。この目立たない形での支援というのが大切である。手取り足取り支援するような形では、周囲の児童との間に軋轢が生じる可能性もあるため、通級指導教室の担当が授業の様子や朝の会や帰りの会、給食の様子なども見に行くよう心掛けている。

（3）通級指導教室での指導

　通級指導教室での自立活動指導では、トラブルを回避するスキルや自分の考えだけにとらわれず柔軟な考え方をする練習等を行ったり、様々な場面を想定した会話の練習等を行ったりしている。その練習が通常学級での生活に生かせるよう、それぞれの児童の課題に合わせて身に付けやすい方法を用いて指導を行っている。

　また、誤学習を防ぎ正学習を促すためにも、初めて学習することへのサポートを心掛けている。1年生の給食や清掃、遠足、2年生の算数学習での定規、量概念、3年生のリコーダー、毛筆、4年生の宿泊行事、クラブ活動、5年生の家庭科学習での調理や裁縫等については、通常学級での学習の前に予習的に指導を行い、不安や失敗を回避できるよう配慮している。

　さらに、45分の1授業の構成としては、3クール程度に分けて児童が意欲的・積極的に活動できるよう心掛けている。**図2**は、読み書きや不器用さに課題のある3年生児童への4・5月の1授業での指導例である。

図2　1授業時間の内容例

　1クールでは、通常学級においてこれから学習する教材をダイジェスト版にした内容をパワーポイント等で示し、教材の内容理解を促し、教材に出てくる漢字の読み書きの予習を行う。2クールでは3年生で学習が開始されるリコーダーの指使いを指導し、授業で扱う曲を指導する。3クールでは、3年生で学習が開始される書写の毛筆について、準備や片付けの仕方について練習し、毛筆に適切な量の墨汁をつけることや筆の動かし方について学習する。通級指導教室において、予習的に学習しておくことで、通常学級での一斉指導で学習ができるよう配慮した構成となっている。この構成については、対象の児童や学習する内容・時期において、適宜変更するようにしている。

2 通級指導教室における具体的な方法の実践例

（1） 1年生の給食指導

　給食に慣れていない低学年では、家庭であまり食べたことのない食材や料理と出会うため、どう対応してよいか分からず出歩いたり、泣き出したりする課題が多い。また、出された給食は全部食べなければならないと思い込み無理に食べて吐くなどの課題もある。そこで、食べられる量を調節する方法や食べてみて食べられなかった場合はきれいに残す方法、給食中の出歩きを予防する方法について通級指導教室で指導を行っている。

　給食中の行動で不適切なイラストを用意し、なぜ不適切なのかを指導した（**写真1**）。その後、教室で実践できるようシールシートを用意し、給食中に机の上に出しておき、できたらシールを貼るようにした（**写真2・3**）。また、実践の最初の頃にはふさわしい給食の態度が分かるようなイラストを机の上に用意して、自分の行動を制御できるよう準備した（**写真4**）。

　1か月もすると、出歩きは改善され、望ましい態度で給食の時間を過ごすことができるようになった。

写真1

写真2

写真3

写真4

（2）教材・教具を工夫した指導例

① 定　規

　2年生で初めて学習する「長さ」の学習において、定規での計測や作図を学習する。そこでの課題は、目盛りの読み取りにくさや作図のやりにくさが多い。そこで、目盛りの読み取りにくさを軽減するために、初めはcmの目盛りのみに注目できるよう、cmの目盛りのみの定規（**写真5**）を準備し、計測や作図を指導する。

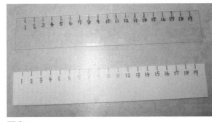
写真5

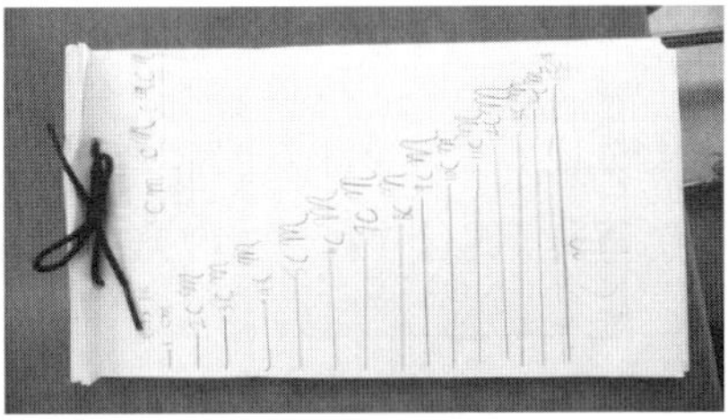

写真6

　その後、mmの計測や作図を行い、○cm○mmの計測や作図を指導する。そうすることで、長さの単位の理解も深まっていく。また、作図では失敗しても消しゴムで消すというやり直し作業の時間と手間を省くために、いらなくなった用紙などを用いて作図の指導を行っている（**写真6・7・8**）。

写真7　　　　　　　　　　写真8　　　　　　　　　　写真9

　また、定規を押さえることに課題のある児童には、定規を押さえる部分にシールを貼り、常にその部分に指を置くように指導することで、定規のブレが少なくなり、スムーズに作図を行うことができるよう支援している（**写真9**）。

② **分度器**

　分度器は、4年生で学習する角度の学習で初めて使用する。角の構成の理解や単位である度の理解、さらに計測に課題があることが多い。分度器は左右どちらからも計測できるようになっているが、この便利さに戸惑う児童が非常に多い。そこで、一方からのみ計測できるように工夫した分度器を使用して指導すると、学習の困難さが軽減されることが多い。**写真10**はそれぞれの児童の要望を受け入れて作成した分度器である。

　児童のやりにくさは、分度器一つとっても、周りの目盛りが見にくい、真ん中の目盛りが見にくい、左からが計測しやすい、右からが計測しやすいなど様々であるため、児童の意見を取り入れた教具の工夫を心掛けている。また、180度を超える角度の計測では、全円分度器の使用も取り入れている。これも、計測できる方向を決めた教具を使用している（**写真10**の下段）。

内側の目盛りが測定の阻害になる子供のために工夫した分度器

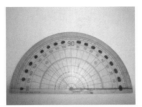
右側からのみ計測できるように工夫した分度器

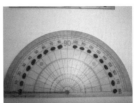
左側からのみ計測できるように工夫した分度器

外側の目盛りが測定の阻害になる子供のために工夫した分度器

10度ずつの目盛りで計測の練習をするための分度器（左からのみ計測）

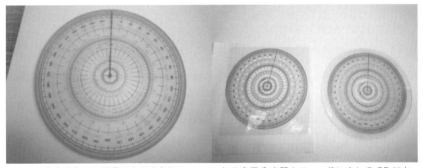
一方向からのみ計測できるように工夫した全円分度器　　左の全円分度器をスキャナーで読みとりシールに印刷したもの　　使い古しのCDに左のシールを貼ったもの

写真10　様々に工夫した分度器

③　リコーダー

　3年生の音楽の学習で初めて使用するリコーダーに苦労する児童は本当に多い。リコーダーの穴をふさぐことの難しさと指使いの難しさがあり、正しい音を出すことが難しく、リコーダーの演奏を嫌いになってしまう例も多い。指先がリコーダーの穴を完全にふさいでいるかどうかの感覚が持ちにくい児童には、リコーダーの穴の部分に柔らかいパッドを貼り、穴をふさぎやすくする工夫をしている（**写真11**）。そうすること

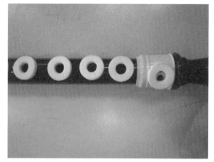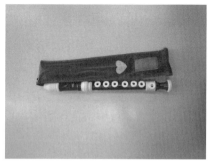

写真 11

でより正確に音を出すことができる。また、指使いに課題のある児童には鏡を用いて自分の指が動いている様子を見せて指導することもある。

（3）パワーポイントを用いた指導例

　自立活動や教科指導等に、パワーポイントを用いる工夫をしている（**写真12**）。自立活動では課題となる思考や行動が児童によって様々であり、SST カードなどで学習しても学校生活に般化することが難しい児童もいる。そこで、対象児の課題に合わせてより日常生活に近しい状況をパワーポイントで作成し、その仮定した状況に遭遇したときに適切な行動をとれるように指導している。パワーポイントは作成しやすく、一度作成すると何度でも使用することができることや、無料のイラスト等を利用することもできるため、教材にしやすい。教科指導では、漢字の読み書きや読み替え、教材の内容確認、算数の単位の学習、社会の地図記号、家庭科の裁縫や料理の手順なども提示しやすく工夫することができる。視覚優位の児童にはより効果が出やすいと思われる。新しい内容を学習する際には、単位の名前に慣れることや、分数の読み方に慣れること、実験器具の名前を覚えていることなどが、通常学級の授業への参加しやすさや指示の分かりやすさ、学習しやすさにつながっていると考えられる。その指導の手立てとしてパワーポイントは非常に有効であると考えている。

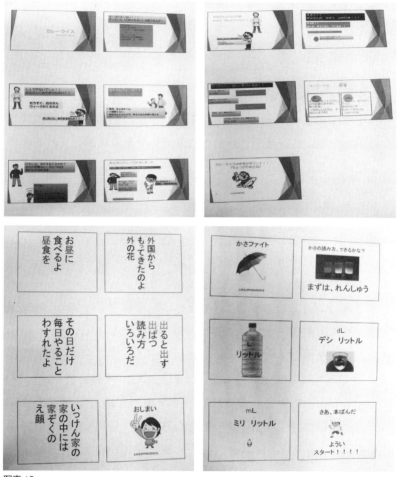

写真12

3　押さえておくべき課題

（1）児童のやりにくさ

　通級指導教室を利用する児童たちは、学校生活において学習しにくさ

や生活しにくさを持っている。そのやりにくさに気付いている場合もあるが、気付いていない場合もある。また、対象の児童によって、やりにくさの要因や背景は様々である。それぞれの児童の持つ課題を縮小したり解消したり、回避したりするためには、児童の認知特性を知ることや気持ちを理解することがとても大切である。一人一人の児童に寄り添い、やりにくさに共感し、それに対応していく柔軟な思考を持って指導に当たる必要がある。通級指導教室担当の考え方を児童に押し付けるのではなく、児童と共に考えたり、話し合ったりしながら、よりよく生活・学習できるように気を付けていくべきであると考えている。

（2）通常学級との連携

　通級指導教室を利用する児童のためには、通常学級の担任との連携は欠かすことができない。日常的に連携をとり合い、授業の進み具合や学年行事などの情報を共有するだけでなく、児童の様子の変化なども連絡をとり合うことが必要である。通常学級の担任は忙しいことが多いため、情報を得るのを待つよりも、積極的に話しかけ、情報を得られるように働きかけていくことが大切である。また、通常学級の担任だけでなく、その学級の児童とも協力を図るため、朝の会や帰りの会、給食などに参加したり、時には授業や行事に参加したりして、児童の様子を見ることも適宜行うと、学級集団の中での児童の様子を知ることができる。

（3）保護者との連携

　通級指導教室を利用する児童の保護者には、教室を利用することの有効性を知ってもらうことが大切である。そこで勤務校では、必ずトライアル期間を設定し、保護者の理解を得た上で利用をしていただいている。また、利用する保護者とは担任と共に面談を行い、児童の様子や変容について、情報を共有している。児童のやりにくさと共に保護者の持つ育てにくさに配慮していくことも必要であると考えている。

小学校：特別支援学級・通常学級の「交流及び共同学習」の基本的な考えと方法

「双方」の児童・全教職員が共に進める取組

兵庫県加東市立滝野東小学校 教諭　**末吉哲大**

① 「交流及び共同学習」の意義

　「交流及び共同学習」の意義について、文科省は、「障害のある子ども
が幼稚園、小学校、中学校、高等学校等の子どもと共に活動することは、
『双方の子どもたち』の社会性や豊かな人間性を育成する上で、重要な
役割を果たして」いると示している（二重括弧は筆者）。特別支援学級
在籍児童にとって、通常学級における交流は、現在的な意味でも、将来
的な意味でも、価値の高い学習となり得るが、それは、通常学級の児童
にとっても同様であるべきである。交流及び共同学習を行う際には、や
やもすると、「特別支援学級在籍児童に」何を学ばせるか、どうやって
学ばせるかといったことのみに注力しがちである。重要なのは、交流及
び共同学習を通して、通常学級の児童も、障害のある児童を理解し、学
ぶ機会が持てるよう留意するということである。

　学校は「小さな社会」と言われている。だからこそ、幼少時の学校や
教室などにおける「ミニマムな共生社会」の実現なくして、将来の社会
全体の「共生社会」の実現は成し得ないのである。

　本稿では、特別支援学級在籍児の「交流及び共同学習」に関して筆者
が勤務していたA小学校において実際に指導・支援した、もしくは指導・
支援に関わった事例を紹介する。それとともに、最後には、筆者がA
小学校で行った、特別支援学級の全校公開授業を活用した、教職員の実

践研修についても紹介する。意義のある交流及び共同学習を行うためには、まず実際に指導・支援する教職員が、障害のある児童を理解する必要がある。そのため、当実践研修では、教職員と特別支援学級在籍児童が、疑似的な「交流及び共同学習」を行うことを企図している。通常学級児童と特別支援学級在籍児童との「交流及び共同学習」という本稿の趣旨とは、若干異なる事例ではあるが、一読いただければ幸いである。

 ## 知的障害のある B 児のタブレット PC を活用した理科観察の事例

　B児は、当時小学4年生で、知的学級に在籍していた。日常的な会話は、ほぼ問題なく行えており、簡単な漢字交じりの文章などは、時間はかかるものの、書くことができた。しかし、図と地の区別がつきにくく、やや複雑な図形やイラストなどを描くことに苦手意識を持っていた。

　B児が4年生になってすぐの理科の単元において、春の生き物の観察が交流学級で行われた。葉の枚数や、茎の長さなどの計測結果と共に、観察対象を描くことが課題となっていた。B児は見つけた花を観察対象とし、特別支援学級担任と共に計測を行ったが、花を描くことは難しい様子であった。花全体の輪郭を捉えることが難しく、またそのニーズに対する有効な指導・支援も通常学級担任、特別支援学級担任ともに行えていなかった。デジタルカメラで観察対象を撮影し、観察カードに画像を貼り付けることも考えられたが、B児の「みんなと同じように描きたい」という希望を尊重して支援方法を模索した。

　その結果、次回より観察の際はタブレットPCを活用することとした。タブレットPCには、カメラ機能が搭載されているため、観察対象を撮影し、同じくインストールされていたお絵かきソフトを使って、撮影した観察対象の画像の輪郭をタッチペンで描画することとした。指導者にとっても、観察対象が平面になることで、描くべき輪郭を指し示すことが簡単になり、指導が容易になった。

　交流学級の児童たちには、あらかじめB児の描画に関する困難さと、それでもみんなと同じように描きたいという強い希望を持っていることを伝え、観察時にタブレットPCを活用することを提案していたため、使用に関して、混乱が起こることはなかった。実際の観察場面では、グループの児童が、B児のタブレットを使用して描画する様子を見て、描くべき個所や、描き足りていない個所を、アドバイスして、完成時には、B児の頑張りを称賛する様子も見られた。B児も、達成感を得ている様子がうかがえた。

　B児がタブレットPCの使用に慣れてくると、休み時間にお絵かきソフトを使って、他児と一緒に塗り絵を行うなど、学習だけでなくコミュニケーションの一助ともなった。

 3 書字に苦手意識の強い自閉症児C児の交流学級における意見文の発表の事例

　C児は、自閉症・情緒学級に在籍する児童で、知的に高く、引っ込み思案な性格ではあるが、指示を聞いたり、質問に的確に答えたりすることに問題はなかった。一方で、書字に困難さを抱えており、ノートの升目に合わせて文字を書くことには大変な苦労を感じているようであった。また、字形が大きく崩れるため、本人であっても読み返すことが困難であったり、書字した数字が読み取れず計算を間違ったりすることも少なくなかった。

　C児が5年生時に、国語の単元において、よりよい社会にするための意見文を書く課題に取り組んだ。C児は、国語の授業は特別支援学級で学習していたが、交流学級で催される意見文の発表会に参加することとなった。C児は、筋道の通った論理的な文章を書くなど、作文自体に苦手意識を持っているわけではなかった。しかし、交流学級で書字した作文を正確に読むことができるかということと、発表後に意見文が交流学級で掲示されることに大きな不安を感じているようであった。

折しも、C児の字形について、保護者から相談されており、その中で、将来的には、キーボード入力やフリック入力に移行することで、C児の書字に対する負担が軽減される可能性があることを話していたため、この機会にキーボード入力に取り組むこととした。

　C児には、これまでのようにノートに下書きを書かせ、ノートパソコンを活用して、清書をキーボード入力で行った。C児は、3年時にヘボン式のローマ字を一通り学習してはいるものの、ローマ字入力は、ほとんど行ったことがなかったため、ローマ字表を確認しながら、入力を行った。清書後の推敲において、修正や加筆が鉛筆による作文に比べ容易であることも、C児の書字に対する過度な負担の軽減につながっていた。

　完成した原稿は、プリントアウトし、交流学級における発表会に使用した。C児自身が、読みやすいように、フォントや文字の大きさ、行間などを調整したことで、より安心して発表に臨むことができた。発表会後は、交流学級において掲示された原稿がC児のキーボード入力によるものであることに交流学級児童も気付き、ある種、羨望のまなざしを受ける様子もうかがえた。

　その後も、原稿作成の際は、同様にキーボード入力による作文に積極的に取り組み、入力スピードやワープロソフトの機能理解が格段に向上したため、将来的な文字表現のスキル獲得にもつながったと考えられる。

4　肢体不自由児D児の集団宿泊訓練参加の事例

　D児は、筋ジストロフィー症を患い肢体不自由学級に在籍していた。中学年ほどから、独力による歩行が困難になり、移動の際は専ら車いすを使用していた。

　D児が5年生時に、4泊5日の集団宿泊訓練に学年の児童たちとともに参加することとなった。宿泊場所は、離島であり、家を離れての初め

ての長期宿泊であったことから、家族や関係者とともに念入りに協議を
重ねて、参加が決定された。

　D児が参加するプログラムは、本人の希望や、実態に対するプログラ
ムの難易度などを考慮して取捨選択されたが、結果としてほとんどのプ
ログラムに配慮を行いながら参加することができた。例えば、一人乗り
であるカヤック体験は、転覆時などの対処が困難であるため参加が見送
られたが、複数で乗るカヌーには、学生リーダーや、職員とともに乗船
し、楽しむことができた。その他、釣り体験は、車いすに乗った状態で、
支援されながら他の児童とともに参加することができた。砂浜遊びで
は、職員が補助を行いながら、一緒に海に入り、初めての海水浴を堪能
することができた。

　特に配慮を行ったのが、ロッジでの生活である。当校の集団宿泊訓練
では、児童グループでロッジに宿泊し、生活を共にしたが、D児は移動
だけでなく、着替え、排泄、入浴など他者の介助を必要とする機会が少
なくなかった。何より、睡眠中に寝返りを自分では行うことができない
ため、床ずれを起こさないように、数時間ごとに体勢を変える介助が必
要であった。このような実態から、児童たちのロッジとは別の宿泊場所
を用意し、そこに職員とともに宿泊することが必要であると考えられ
た。集団宿泊訓練を行った施設は、自然体験リーダー用の研修ロッジが、
隣接されていたため、施設との交渉の上、そこを借りることができた。
研修ロッジには、簡易的ながら入浴の設備があり、そこを活用すること
で、時間を気にせず、D児の入浴を行うことができた。夜には、交流学
級やD児のグループの児童を研修ロッジに招いて、トランプをしたり、
当日の振り返りを、おしゃべり交じりに行ったりして、楽しく交流を行っ
ていた。

　このようにして、D児にとっても、他児にとっても、貴重な交流の機
会である集団宿泊訓練に全日参加することができた。

5　公開授業を活用した教職員を対象とした実践研修の事例

　筆者が勤務していたA小学校では、通常学級担任や専科の教員を含むすべての教職員を対象に、特別支援教育の資質向上のため、全校公開授業研究の場を利用して、教職員が実際に特別支援学級在籍児童を指導する実践研修会を行っている。以下にある年の実践研修会の概略を示す。

　A小学校は、580名を超える児童が在籍する中規模の小学校であった。特別支援学級は、知的学級1クラス、自閉症・情緒学級2クラスの計3クラスあり、18名の児童が在籍していた。

　特別支援学級の18名の児童は、それぞれに個性的で、その発達段階も一様ではなかった。しかし、いずれもが、何らかのコミュニケーションの課題を抱えていた。そのため、特別支援学級担任を中心に、通常の学級において、その子らしさを発揮するための必要な支援を模索していた。

　一方で、当校は、通常の学級に在籍する配慮の必要な児童に対する効果的な指導・支援の提供も大きな課題として抱えていた。ベテランから若手への、授業技術や児童を見る視点の継承を上回る速さで、急速に若年化していく職場の状態が、適切な対応の困難さに拍車をかけていた。

　そこで、児童、職員、双方の現状を鑑み、両方のニーズを満たすための取組として、公開授業研究会を活用した、児童と職員が直接的に関わる研修を創案し、児童は教師との関わりを通して、ソーシャルスキルトレーニングを行い、教師は特別支援学級の児童と直接的に関わることで、配慮の必要な児童への適切な量と質を伴った支援を実感する実践を計画した。

　特別支援学級の児童は、これまでに特別支援学級における授業の際に、自己紹介する経験を積んできていた。その中で、実態に応じ、話型に従

い児童たちの前でたどたどしくも名前などを伝えたり、促されて礼をしたりできるようになってきつつあった。しかし、その自己紹介の在り方は、自己紹介のスキルを学ぶことが主眼であり、実際のコミュニケーションの場におけるスキルの活用という点では、やや不十分であった。さらに、児童の実態として、事前の準備（言うことのメモなど）がないと、何を言っていいのか分からなくなり、不安が強くなる児童や、支離滅裂になり収拾がつかなくなる児童が多く在籍していた。

　そこで、本単元では、他者と互いに自己紹介を行う活動に取り組ませることにした。自己紹介を行う中で、他者との実際的なコミュニケーションをとり、自分のことを伝えるスキルの活用を促した。

　また、言語によるコミュニケーションが可能な児童については、自己紹介で完結するのではなく、コミュニケーションを継続するスキルの獲得も目指し、自己紹介に続き、高学年は、相手にさらなる質問を行う活動を取り入れた。低学年は、相手の質問に対し、答える活動を取り入れた。自己紹介のための事前準備としては、話型や、伝えたいことを予め記入するワークシートと質問例の書かれた「おたすけカード」（図1・2）を用意した。このワークシートは、コミュニケーションに不安が強い児童にとって、円滑に自己紹介を行うための補助ツールとして機能するとともに、自己紹介を行った相手からサインをもらって、コミュニケーションがとれた

> おたすけカード
> ・すきなきせつは、なんですか？
> ・すきなアニメは、なんですか？
> ・○○がすきなわけを、おしえてください。

図1　おたすけカード

ことや、その人数を視覚的に示し、達成感を得るためのものとして企図していた。

　また、言語的なコミュニケーションが難しい児童においても、相手に向けた言語表現だけでなく、非言語的なコミュニケーションのやり取りを促し、人と関わる楽しさを味わわせたいと考えた。

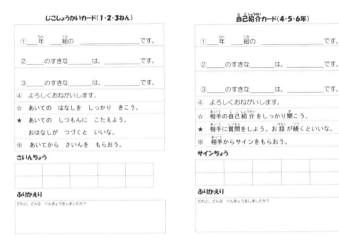

図2　自己紹介カード低学年用・高学年用

　各児童の教育的ニーズに細やかに対応した学習を行うため、グループ学習にも取り組ませた。今回は、職員研修も兼ねるため、特徴的な実態を持つ児童のカテゴリーに類型化し、A（衝動性が高く、他人と協力したり、言葉を駆使したりする活動が難しい）、B（自己表現が希薄で、社会性が育ちにくい）、C（知的障害があり、生活年齢に比べ精神年齢が幼い）の三つのグループに特別支援学級の児童をグルーピングした。

　Aグループでは、パートナーと息を合わせ、言語的・身体的コミュニケーションを積極的に行うゲーム活動に取り組むことで、パートナーと息を合わせることや、コミュニケーションをとることの心地よさを味わわせ、同時に言葉を駆使する能力を培うことを目的とした活動を行った。

　Bグループでは、ペアになった教師とお互い入れたい具について意見を言いながら、お弁当を完成させる活動に取り組んだ。ペアになった教師にしっかりと自分の意思が伝えられるように留意した。「～がいいです」「～は好きではありません」と伝え、お弁当を完成させることで他者と協力してやり遂げる達成感を味わわせた。

　Cグループでは、注文書をもとに品物をそろえて届けるというおつかいに挑戦した。難しいことは援助を求めながらも、おつかいを成功させることで、自己有用感や達成感が得られるようにした。

　本授業研は、参加する職員自身の研修も兼ねていた。授業においては、特別支援学級の児童と直に関わる中で、職員自身の関わりを実践し、それに対する児童の反応を正確に分析し、タブレットPCのカメラ機能を使用して授業の記録を行った。その後の事後研究会において、グループ内で記録した画像や映像を活用しながら、自身や同僚の関わりが、関わった児童のスキル獲得や学びにどうつながったのか、または、なぜつながらなかったのかという視点で振り返り、確かな実践知として身に付け、最終的には担当学年や学級において、様々なニーズを抱える児童たちへの関わり（合理的配慮）をどう実践していくのかということを学年団で共有し、職員自身の指導に対する個人思考を深めることを企図していた。

　事後研究会において、児童とコミュニケーションする際の留意点として、①身体的な距離と心理的な距離を考える、②児童の表現からコミュニケーションを広げる、③発達段階により質問のレベルを変化させる、④コミュニケーションにおいて補助的な役割を担うツールを用意するという、実践からの気付きが出され、全体で共通理解できた。課題としては、気付きから、具体的な学年ごとの取組を考えたが、具体性には学年により差異があったため、学級の中で実践の結果、どのような成果と課題があったかについての検証が必要であった。

【引用文献】
文部科学省「交流及び共同学習ガイド　第1章よりよい交流及び共同学習を進めるために」
　（http://www.mext.go.jp/a_menu/shotou/tokubetu/010/001/001.
　htm#a001）

中学校：特別支援学級・通常学級の「交流及び共同学習」の基本的な考えと方法

それぞれの場での学びの役割

兵庫県川西市立多田中学校 教諭 **中村 あおゐ**

 1 中学校特別支援学級における「交流及び共同学習」の基本的な考え方

（1）本校特別支援学級の概要

① 学校の概要

　本校は特別支援学級2学級（知的障害学級1学級、自閉症・情緒障害学級1学級）を含む全20学級の中規模校である。校区には、川や農地、古くからの住宅地と、商工業施設や新興の戸建て住宅、集合住宅が混在し、多様な家庭環境の生徒が通っている。

② 特別支援学級在籍生徒の学校生活

　学級在籍の生徒は原則として実技教科と学級活動、道徳、総合の時間のほか、朝学活（朝読書）、昼食、清掃、終学活を交流学級で過ごす。係活動や行事等には交流学級の一員として参加し、本人の状況に応じた役割を担う。部活動をしている生徒もいる。5教科の学習については、理科や社会を交流学級で学ぶ生徒もいるが、ほとんどの生徒が特別支援学級で、本人に合ったペースや学び方で学習している。また、小集団や個別での自立活動の時間を、すべての在籍生徒に確保している。

③ 支援態勢

　学校全体の時間割は、在籍生徒の交流学級で受ける授業の時間を考慮して作成され、特別支援学級担任以外の教員が授業やサポートに入る時

間も固定して決められる。

　交流学級担任や交流教科の担当者はもとより、交流及び共同学習における
けるサポートや特別支援学級での授業、部活動などの様々な場で、ほとんどの教師に在籍生徒との直接の関わりがある。生徒の状況は、定例の会議だけでなく、日常的に職員間で情報交流がなされており、在籍生徒を温かく受け止め、学校全体で育てる土壌がある。

　生徒同士も「特別支援学級の子」というより、ごく当たり前に「○組（交流学級）の仲間」と捉え、共に生活している。幼いころから仲間同士として育ってきたことと、多様な生徒がいることが、こうした雰囲気を生んでいるように感じる。彼らは障害による支援や配慮の必要性も自然に理解しており、関わり方を生徒から教わることもある。

（2）「交流及び共同学習」の基本的な考え方

　進学に際し、地域の中学校の特別支援学級を選択する本人や保護者は、これまで共に育ってきた仲間と一緒に過ごしたい、過ごさせたいという願いを持っている。同じ地域の仲間として、共に育ち合う中で温かい関係性を深めることは、中学校3年間にとどまらず、将来を見通すと非常に重要である。その上で、交流の場と特別支援学級での学びのそれぞれに役割があると考えている。

①　特別支援学級での学びの意義

　「みんなと過ごしたい」という願いを持ちながらも、一方には、学習だけでなく、仲間との何気ない会話や集団参加の場でも「ついていけない、うまくやれない経験」を積み重ねている現実がある。そうした経験から周囲との距離感や引け目を感じ、自尊感情を低下させる生徒も多い。また、感覚過敏のために集団の中にいることに大きな負担感を感じる生徒もいる。

　特別支援学級は、そうしたしんどさと、「みんなと学びたい、過ごしたい」という願いとの間で葛藤する彼らにとっての、安心して過ごせる

「学校の中の家（home）」でありたいと考えている。

　特別支援学級で、自分に合った内容やペースで学習し、「できる・分かる喜び」を十分に味わう経験を積み重ねること、小集団での活動の中で仲間や先生から十分に認められ、自分なりの努力が実る経験を重ねることが彼らの土台をつくる。こうした成功経験を十分に積み重ねて初めて、生徒自身の中に次のステップにチャレンジする気持ちが生まれるのである。また、自己肯定感が低く、自分の良い面に目を向けにくい傾向にある生徒が、「自分は苦手なこともあるが、それだけでなく得意なこともある」と肯定的な自己理解を深め自分自身を受け入れていく。そのことはやがて、自分に合った進路を前向きに選択し、誇りを持って生きていく力につながると考える。

② 　交流及び共同学習の意義

　特別支援学級で安心して学び、過ごす時間は不可欠である。それでも、子供たちが本当に認められ、力を発揮したい場所はやはり交流学級である。「みんなと一緒にしたい」「仲間に認められたい」という本人の思いや、交流学級の仲間のあたたかい関わりが彼らにパワーを与えて、予想もしなかった力を発揮し、目覚ましい成長を見せる。仲間との関係づくりに悩みながら経験を重ねる中で、社会性を身に付けていく。

　こうしたことから、在籍生徒にとっての「交流及び共同学習」の意義には、次の二つがあると考えている。一つは、仲間の中で共に活動し、喜びや自信を得ること、もう一つは、集団の一員としての役割に責任を持って取り組むことを学ぶことである。

　特別支援学級における小集団や個別での学びと「交流及び共同学習」は、子供の成長にとって車の両輪であると言え、どちらも不可欠である。

③ 　通常学級の生徒と「交流及び共同学習」

　「交流及び共同学習」は、通常学級の生徒の成長にとっても大切な場である。共に学び生活し、トラブルに悩む経験もしながら、相手への理解を深めていく。守り支えてあげる対象だと思っていた相手が、突然、

誰よりもすばらしい作品を作ったり、その行動や言葉にハッとさせられたりするときがある。人間としての純粋な魅力に気付かされ、自分の心を素直に見つめるきっかけをくれるときがある。「特別支援学級の子がいると、クラスが優しくなる」ということがしばしば言われるのは、そのためであろう。互いの成長の中でそうした経験を積み重ね、仲間としての絆を深めていくのである。

　「障害者」とひとくくりではなく、「○○君」と個人間の関係性を育み社会に出ていくことが、インクルーシブ社会の実現につながっていくのではないだろうか。

④　こうした関係をつくるために

　中学校における「交流及び共同学習」は、日常の学校生活の中にあり、日常生活そのものである。あたたかい「交流及び共同学習」を成立させるには、日々の生活や授業を通した仲間づくり、集団づくりが重要であり、そのための教員の理解は不可欠である。特別支援学級担任やコーディネーターは、その土壌づくりをしっかり行わなければならない。

２　本校における取組

（1）交流学級での授業における指導・支援

①　サポートの教師の役割

　交流学級の授業では、特別支援学級生徒が仲間と共に学習できるよう環境調整や支援を行っている。必要に応じてサポートの教師がつき、指示を平易な言葉で個別に伝えたり、本人にとって負担が大きい部分の課題の量や質の調整を行ったりする。また、「それでいいよ」「ナイス！」など、がんばりを認める言葉をタイミングよくかける。

　同時に、周囲の生徒と特別支援学級の生徒の関わりを切らないよう配慮している。教師が先回りの支援をしすぎることで、「○○君は先生が

見てくれる」という雰囲気を生み、仲間が関わる機会を奪うことがあるためである。生徒によっては、本人のプライドに配慮し、交流の場ではさりげない関わりにとどめる場合もある。

図1　連絡メモ

本人の目標やサポートの仕方は、特別支援学級担任から年度当初に伝えるほか、日常的な情報交流により随時調整する。

また、サポート担当者には、授業ごとに「連絡メモ」の記入を依頼している（図1）。

このメモは、授業後に教科担任を経由して特別支援学級担任に渡り、連絡帳とともに毎日、保護者の手元に届く。

40人を見ている教科担当者が、在籍生徒の細かい取組一つ一つに気付くのは難しいが、このメモにより、在籍生徒の様子を知り、それを踏まえた上で次の時間に声をかけることができる。

② 　教科担任の役割

教科担任は、課題の調整などの個別の関わりだけでなく、周囲の仲間とつなげる場をつくる。例えば、本人のがんばりや良い作品を見逃さずみんなの前で評価したり、仲間からの声かけを促すなどである。本人にとって必要な個別の配慮をしながらも、共に授業を受ける仲間の一人として子供同士をつなぎ、学び合う環境をつくっている。

（2）交流学級での学級活動における指導・支援

① 　座席配置

教室の座席は学級担任が同席する班長会議で決定される。その際、特

別支援学級在籍生徒の座席位置は、本人が安心できる場所、学習しやすい場所に優先的に決められる。また、日常的に関わりが濃くなる同じ班のメンバーや、前後左右隣の座席に誰がくるか、ということも、班長会の中で話し合って決められる。学級担任のアドバイスを受けながら、子供たち自身が学級在籍の生徒のことを大切に考えて決めている。

② 委員会・係活動

　クラスの全員が一人一役を担うことになっており、在籍生徒も、本人の状況や希望に応じて役割を担う。「美術係」や「音楽係」といった「教科係」に交流学級の仲間とペアで取り組むこと

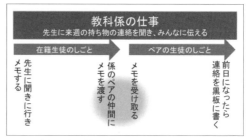

図２　係活動の仕事分担例

が多く、お互いがうまく助け合えるよう、最初は特別支援学級担任が間に入って仕事分担などのサポートを行う（図２）。「"授業の前日"を判断する」ことは難しいが、「授業後すぐ先生に聞きに行き、メモする」ことはできる、という場合、「連絡を聞いてメモし、ペアの○○君に渡す」ことを本人の仕事とし、責任を持って行わせるのである。サポートしながら繰り返すうち、仕事が定着してくるとともに、仲間同士が関わる場面も自然に生まれる。メモを渡すときに、話しかけやすいよう待ってくれたり、中には、一歩下がったところで自分も一緒に連絡を聞きながら、本人がメモを取って渡すのを待ってくれる生徒も出てくる。また、ペアの生徒の中には、「連絡を聞きに行くのは忘れがちだが、メモをもらえることで自分もきちんと仕事ができる」という生徒もおり、お互いうまく助け合う形になることもある。

　こうして係の仕事でクラスの役に立つことに誇りを感じ始めると、教師からの声かけなしに、自らペンとメモを持って連絡を聞きに行くようになる。

③ 学校の決まりを守る

中学校には服装や行動に関する規定（校則）がある。身だしなみを整えることや時間を守ることなど、集団のルールを守ることは、中学校だけでなく、社会生活において必要なことである。そこで、本人の状況に応じて調整しながらではあるが、基本的には他の生徒と同じように、校則を守るよう指導している。大人の中では自分のしたいことを通そうとする生徒も、「交流学級の仲間と同じように、中学生としてきちんとしたい」と思うようで、こちらが思う以上に意識するようになる。

（3）特別支援学級での取組

① 学習発表会の展示作品制作

学習発表会には、学級在籍のすべての生徒が、交流学級での活動にクラスの一員として参加する。それと並行して、特別支援学級で制作した作品や、学習成果の展示も行っている。交流学級の仲間の、心からの「すごいね！」という言葉を聞いたときの特別支援学級の生徒たちは、はにかみながらも、とても誇らしげである。

学級在籍の生徒は、道具類の使い方を丁寧に伝え、本人に合った課題設定をし、時間をかけて取り組ませることで、本人らしさが発揮された質の高い作品を完成させることができる。中学生にとっては完成作品の質の高さが重要である。自分で納得のいく作品ができると、それは本人の誇りや自信となり、さらに仲間に心からの評価を受けることで、より確かなものになる。こうしたことが、交流学級の仲間に対する本人の「引け目」を少しずつ緩和していくことにもつながる。

② 自己理解学習

自立活動の時間には進路学習を通した自己理解学習を行う。特別支援学級では、できるだけ早い段階から学校見学に参加するよう勧め、見学後に「学校見学のまとめ」を生徒と一緒に書いている。まとめの中では「いいと思ったところ」「あまりいいと思わなかったところ」も考えさせ、

最後に総合評価として◎○△×の中から一つ選ばせている。このシートを何枚か書きためていくうちに、「自分が最も求めているのは何か」ということに自分自身で気付いていくのである。

　学級在籍の生徒は、交流学級の他の生徒と異なる進路を選ぶことも多い。彼らが、そのことで疎外感や不安を感じることなく、自分で確かに選んできたという自信と誇りを持って過ごせるように、という願いもあって実施している。

（4）教師間の理解促進のために

　教師が学級在籍の生徒の生活の様子をより具体的に知るために、日常的な情報交換や毎週の学年会議、月ごとの職員会議で状況を報告するほか、年に数回の交流や研修の場を設けている（**表1**）。

表1　特別支援学級に関する交流及び研修

時期	内容	対象者
4月当初	在籍生徒の紹介	全職員
時間割確定時	本人の状況及び必要な支援等の説明	授業担当者
夏休み	特別支援教育研修	全職員
2学期末	学習状況の交流	教科担当者（複数教科合同）
3学期末	学習状況の交流と次年度の課題	教科担当者（教科ごと）

　夏の研修はここ数年、ワールドカフェ形式で実施している。

　ワールドカフェとは、カフェのようにリラックスした雰囲気の中で、テーマに沿って小グループで疑問や意見を交流させながら、集団としての理解を深めていく手法である。それぞれが関わっている生徒の様子やエピソード等を交流することで、その生徒について多面的に理解できるほか直接関わりのない生徒のことも知ることができる。

　一般にワールドカフェには「問い」と呼ばれるテーマが一つ設定されるが、本校では、大テーマの下にセッションごとの小テーマを設定することで話合いの深化を図っている。また、セッションの間に自立活動や行動支援の具体的取組を報告することにより、特別支援学級独自の指導・

表2　昨年度の夏の研修概要

テーマ「『ともにくらし、ともに学ぶ』って……？ 　　　～特別支援学級の子にとって・まわりの子にとって・私たち教師にとって～」
① イントロダクション（スケジュール説明） ② 特別支援学級での取り組み紹介（行動支援・自立活動の授業内容） ③ セッション1「○○さんて、どんな子？　どんなことを学んでいるの？」 ④ セッション2「まわりの子たちは どんなふう？　大人は……？」 ⑤ エピソード紹介 ⑥ セッション3「『ともにくらし、ともに学ぶ』って……？」 ⑦ まとめと振り返り

支援の意味を伝えている。

　一方的な講義ではなく参加型である点、経験年数や教科を越えた小グループでの話合い（セッション）で多様な視点を得られる点、一つのことについてじっくり話し合い、考えを深めていくことができる点、設定された時間内で予定どおり終わる点などが好評で、参加した教員からは毎年「楽しかった」「深く考えさせられた」「毎年したい」といった感想を受け取っている。

　昨年度の取組では、セッションを重ねる中で教員自身のインクルージョンに対する考えを問い直すこととなり、意見交流の中で話合いが深まっていった。今や定番となった夏のワールドカフェは、校内のインクルーシブ教育を進めるための土壌づくりの場となっている。

（5）保護者との関わり

　特別支援学級での授業と「交流及び共同学習」の時数については、保護者の思いに寄り添いながらも、長期的・客観的な視点を持ち、本人にとってよりよい方法を共に探るようにしている。

　長期目標や短期目標は「学校で3年間うまく過ごせること」だけではなく、将来の社会生活を見通したものでなければならない。そのことを踏まえて、特別支援学級で、あるいは「交流及び共同学習」の場で、どのような指導・支援を行うのかを考える必要がある。中には医療的な側

面からの理解やアプローチが必要な場合もある。

　そこで、必要に応じて保護者と共に医師のもとへ出向いたり、成人後の就労や生活イメージを知るために、市の障害者生活・就業支援センターを訪ねて話をうかがったりすることもある。また市内中学校の特別支援学級担当者会では、保護者とともに施設見学を毎年行っている。特別支援学校の巡回相談も毎年利用し、アドバイスを受けている。そのほか、こうした学校外の専門家の話を保護者と一緒に聞くことで、その後の目標設定や指導・支援の方針を共有しやすくなると感じている。

　特別支援学級の生徒たちの3年間の成長には、目を見張るものがある。同時に、仲間としての絆を深めていく彼らと交流学級の生徒たちの姿に、多くのことを教えられる。目の前の子供たちとの関わりを、インクルーシブ社会の実現にどのようにつなげていけるのか、常に問いながら日々実践していきたい。

【参考文献】
香取一昭・大川恒（2013）『ワールド・カフェをやろう！』日本経済新聞出版社
石橋由紀子・尾之上高哉（2016）『喫茶ちこ　暗闇のちこ　参加者同士の対話から共通解を見出す研修パッケージ』兵庫教育大学特別支援教育モデル研究開発室

特別支援学校：センター的機能の基本的な考えと方法

「障害」を「特性」と捉える理解啓発の促進

筑波大学附属大塚特別支援学校 教諭　**森澤亮介**

① センター的機能の基本的考え方

　平成 17（2005）年、中央教育審議会「特別支援教育を推進するための制度の在り方について（答申）」において、センター的機能について基本的な考え方や具体的な内容の事例が示された。「特に、小・中学校に在籍する障害のある児童生徒について、通常の学級に在籍する LD・ADHD・高機能自閉症等の児童・生徒を含め、その教育的ニーズに応じた適切な教育をしていくためには、特別支援学校が、教育上の高い専門性を生かしながら地域の小・中学校を積極的に支援していくことが求められる」といった内容である。

　また、特別支援学校に期待されるセンター的機能の例として以下の 6 点が示された。

　　○幼稚園、小、中学校、高等学校等の教員への支援機能

　　○特別支援教育に関する相談・情報提供機能

　　○障害のある幼児・児童・生徒への指導・支援機能

　　○福祉、医療、労働などの関係機関等との連絡・調整機能

　　○幼稚園、小、中学校、高等学校等の教員に対する研修協力機能

　　○障害のある幼児・児童・生徒への施設設備の提供機能

　　次項ではこの 6 点に沿って、本校における実践を紹介していく。

2　筑波大学附属大塚特別支援学校における
センター的機能の実践例

　筑波大学附属大塚特別支援学校では平成15（2003）年から地域支援部を立ち上げて、東京都文京区を支援圏域とした相談・支援活動を行ってきた。

　地域支援部は学部の一つとして位置付いている。そのため地域支援部に所属の教員は、クラス担任を持たずに業務を行っている（**図1**）。平成29（2017）年現在は、筆者を含め4名の教員が地域支援部に在籍している。

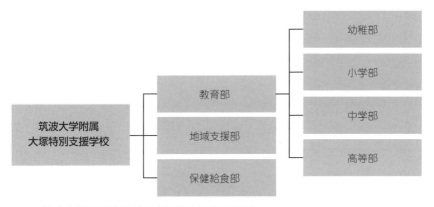

図1　筑波大学附属大塚特別支援学校組織概略図

　平成23（2011）年には文京区において専門家チームが組織され、本校の地域支援部においても区の公的な支援システムの枠組みの中で相談・支援することが求められている。また、文京区では平成29（2017）年から「文京区版スターティング・ストロング・プロジェクト」（以下BSSP）が始まり、乳幼児期から小学校への移行期を対象に、文京区教育センターの専門家チームがアウトリーチ型の子育て支援事業を展開している。本校も文京区と協定を結び、地域支援部が、教育センター専門家チームの一員として主に区立幼稚園へ訪問し、クラス運営支援を行っている（**表1**）。

クラス運営支援では、事前打ち合わせで候補に挙がった園児を中心に観察し、「観察児」を含めた、集団への関わり方、支援方法などを、コンサルテーションの時間に担任、時には園長も含めて話し合っている。

表1　クラス運営支援　タイムスケジュール

9:30 〜 10:00	観察クラス　事前打ち合わせ（園長）
10:00 〜 12:30	行動観察①
12:30 〜	昼食・情報共有（園長含む）
13:00 〜 14:10	行動観察②
14:30 〜	コンサルテーション（担任、園長等）

さらに教育センターで行われる、ケース会議にも参加し、発達支援巡回相談事業及び BSSP の枠組みで幼稚園へ訪問している心理士、言語聴覚士と気になったケース、各園で観察対象になったケースについて情報交換を行うことが始まっている。

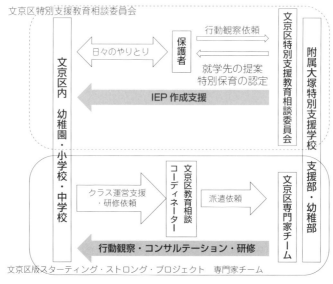

図2　2017 年　大塚特別支援学校と文京区との連携図

　また、特別支援教育相談委員会委員（他地域における就学相談委員に相当）も委嘱されており、特別支援対象児への移行支援も行っている。このように特別支援学校が独自に動くのではなく、所在地域と連携し、地域資源の一つとして、センター的機能における、「幼稚園、小、中学校、高等学校等の教員への支援機能」「福祉、医療、労働などの関係機関等との連絡・調整機能」の役割を果たしている（図2）。

　文京区における専門家チームの一員として、区内の幼稚園・小学校・中学校教員への研修機能も担っている。研修の方法も様々であり、本校校内で行う授業見学をセットにした研修、依頼校へ出向いていき、特別支援学校で使用し、通常の学級や特別支援学級でも使えるような教材を実際に触ってもらう研修、幼児・児童・生徒の実態把握を体験するワークショップなど、研修ニーズに応じていくつかのプログラムを用意している。これらの研修プログラムは文京区だけでなく他の地域、都道府県からの依頼にも対応している。

　平成29（2017）年度の研修テーマとしては「通常の学級における授業内で活用できる特別支援の手立て」「合理的配慮の在り方（他の児童・生徒との兼ね合い）」などである。近年の傾向として、特別支援学校、特別支援学級だけでなく通常の学級における特別支援に関する研修テーマが増えてきている。背景にはやはり「障害を理由とする差別の解消の推進に関する法律」が平成28（2016）年4月に施行され、「合理的配慮」をどう捉えればよいのか、現場レベルで課題になっていることが考えられる。この取組は、「幼稚園、小、中学校、高等学校等の教員に対する研修協力機能」に当たる。

　本校幼稚部では、「にこにこひろば・乳幼児教育相談」を行っており、そこに地域支援部もサポートする形で参加をしている。この取組はセンター的機能の「特別支援教育に関する相談・情報提供機能」と「障害のある幼児・児童・生徒への施設設備の提供機能」に当たる。以下、取組の詳細を述べる。

「にこにこひろば」は原則第1〜第4水曜日に園庭・遊戯室を地域の遊び場として開放している事業である。「にこにこひろば」は平成17（2005）年から開始されている事業であり、特別な支援ニーズの有無にかかわらず、すべての乳幼児親子へ開放している。開始当初、参加登録児は30名を超えなかったが、平成26（2014）年以降参加登録児は急増し、平成27（2015）年には100名を超えた。

表2　「にこにこひろば（平成29（2017）年）」タイムスケジュール

9:00〜10:00	スタッフミーティング 環境設定及び環境整備	↑9:30〜10:30 乳幼児教育相談①
10:00〜	にこにこひろば　受付開始　自由遊び	
10:30〜11:20	あつまり（自由参加）	
〜12:00	にこにこひろば　終了	↑11:30〜12:30
12:00〜12:30	昼食	↓乳幼児教育相談②
13:00〜13:30	スタッフカンファレンス（振り返り・情報共有）	

　表2に、平成29（2017）年度の「にこにこひろば」のタイムスケジュールを示す。対応するスタッフの都合上、乳幼児教育相談は申し込み予約があった日のみ、2枠の時間内で相談対応を行っている。

　このような取組により、特別支援学校を地域に開放し、知ってもらうことが「障害」を「特性」と捉えられるような「理解啓発」につながったのではないかと考えられる。実際に利用親子から「『障害』という枠組を越えて『その子自身の特性』として捉えられるようになった」という感想も聞くことができた。

　特別支援学校という「場」において、教育的支援ニーズの有無に関係なく、乳幼児期から「ともに」遊び、学ぶ場を提供することが、定型発達児の保護者も含めた、理解啓発の促進の一助となることが考えられる。

　このように「にこにこひろば・教育相談」の取組は、センター的機能における「特別支援教育に関する相談・情報提供機能」「障害のある幼児・児童・生徒への施設設備の提供機能」を通して、「共生社会」の形成に向けたモデルとなることが考えられる。

3 今後の特別支援学校におけるセンター的機能

（1）校内の体制について

　筑波大学附属大塚特別支援学校では文部科学省が例示しているセンター的機能の六つの例に関して、満遍なく取り組むことができている。この要因を挙げるとするならば、教育部とは独立した部門の地域支援部に専任のコーディネーターが複数配置されている体制であろう。それにより研修や巡回の依頼に対して即時に動くことができる。また校外で支援を行うことは、言動への細心の注意を払うだけでなく、依頼校の受け入れ状況にもより、心的負担が非常に大きい。そこで専任コーディネーターを複数配置することにより、巡回における役割分担や複数のコーディネーターによるコンサルテーション内容の評価・改善などのメリットも生まれてくる。しかし多くの特別支援学校で特別支援コーディネーターは兼任であり、専任でも1人配置するだけで精一杯な現状である。専任のコーディネーターを複数配置することは現状の教育制度では難しいため、法的な側面からも充実させていくことが必要である。

　今後、センター的機能を充実させていくためには特別支援コーディネーター以外にスクールカウンセラー、スクールソーシャルワーカー、精神保健福祉士、言語聴覚士、理学療法士など心理、医療、福祉に通じている専門職を校内に常勤で置くことも必要であると考える。社会情勢を踏まえると、教育的支援の側面だけでは十分に対処しきれない課題が多くなってきている。1人の教員が様々な障害への理解と指導技術、障害者福祉、雇用、リハビリテーションなど専門性を底上げするには時間と負担がかかり、現実的ではない。また時間をかけて専門性を培った教員が異動してしまっては、その学校におけるセンター的機能を充実させることは難しい。

特別支援学校にこそ、心理、福祉の専門家を配置し、共に課題を解決するに当たって、他職種間で学び合うことが、センター的機能を充実させるだけでなく、教員としての専門性を深めることにつながるのではないだろうか。

（2）外部機関との関係構築

　外部機関との連携において、特別支援学校における特別支援教育コーディネーターの果たす役割は大きい。その一方で兼任のコーディネーターの場合、日々の指導をしながら、他機関と連絡・調整を行っていくのは多少の職務軽減では、「組織」ではなく、「個人」に負担がかかってしまう。

　「関係機関と連携を図る」と言葉にするのは簡単である。重要なのは、本人または保護者から支援ニーズが上がってきた際に、「たらい回し」ではなく、関係機関の適切な役割分担と専門性の尊重、即時に支援ニーズに応じる体制の構築が求められる。

（3）共生社会へ向けて

　以上の取組を踏まえると、特別支援学校に求められるセンター的機能の役割を果たすということは、「その子」を中心とした周囲の「理解度」を高めることであると言えるのではないか。幼稚園、小学校、中学校を巡回していると「障害」があることを前提に「その子」に「どう教えるか」「どのような手立てが必要か」といった視点から助言を求められることが多い。しかし特別支援学校の教員だからこそ、「障害」の枠組みではなく「特性」として捉えた視点から見立てや支援方法を、教員、保護者、支援者へ伝えていくことが必要である。

　すべての関わり手に「障害」の「受容」を求めることは、困難である。しかし周囲の「理解度」を高めることにより、「その子」自身が、周囲に受け入れられ、「その子」が周囲から学び、変わっていくことへつな

げられるような取組を継続していきたい。

【参考文献】
「特別支援教育を推進させるための制度の在り方について（答申）」
　　http://www.mext.go.jp/b_menu/shingi/chukyo/chukyo0/toushin/05120801
　　/006.htm
藤原義博（2016）「超早期段階からの知的・重複・発達障害児の一貫した特別支援教育支
　　援体制モデル研究」研究成果報告書
筑波大学附属大塚特別支援学校　研究紀要　第60集（2016）
筑波大学附属大塚特別支援学校　研究紀要　第61集（2017）

特別支援学校：意思の表明と合理的配慮の提供の基本的な考えと方法

意思決定支援を基盤とした合理的配慮の提供

千葉県立八千代特別支援学校 教諭　**鈴木紀理子**

1　重度知的障害児への合理的配慮提供に係る意思の表明

（1）「Nothing About Us Without Us
—— 私たち抜きに私たちのことを決めないで —— 」

　上記の言葉は、「障害者の権利に関する条約（障害者権利条約）」の成立過程における審議の中で、参画した障害当事者を中心に繰り返された言葉である。そしてこの言葉には、障害当事者に権利の主体があるという意味が含まれている。その背景には、昭和41（1966）年に国際連合で採択された「経済的、社会的及び文化的権利に関する国際規約」（社会権規約：A規約）、そして「市民的及び政治的権利に関する国際規約」（国際人権規約：B規約）の第1条「すべて人民は自決の権利を有する」という条文がある。

　どんなに重い障害があろうとも、権利の主体は本人にあり、自分のことは自分で決める権利がある。本人の意向を聞き出そうとせずに、周囲の人間の意向だけで決めてしまうのは、人権の保護・促進に値しないということである（ただし、生活や生命に関わる重要な決定をする際には、本人の決定したものが含むリスクを勘定に入れながら周囲の人間が助言を行い、決定後のフォローアップを行う必要があると考える）。

　しかし、重い障害のある、特に重度の知的障害がある場合はどうすれ

ばよいのか……。そして、重度知的障害のある子供の意思の表明に対する支援で、できることは何か……。

　障害者権利条約の意味することの本質は、人権の保護・促進であり、それは単に自分の意思をより周囲へ分かりやすく伝えられるようにすることが求められているのではないはずである。周囲の人間が本人の意思をいかに尊重できるか。重度知的障害のある子供が意思を伝えていないわけではない、非言語の手段で伝えていることも多い。分からない・分かろうとしない周囲の人間にやはり課題があるのではないか。

　「私たち抜きに私たちのことを決めないで」と子供に思わせない・言わせない努力が、学校現場においても必要なのではないかと私は考えている。

（2）本人を補佐して行う意思の表明

　平成28（2016）年4月1日、障害を理由とする差別の解消の推進に関する法律（以下「法」という）が施行された。法の規定に基づき政府が策定した「障害を理由とする差別の解消の推進に関する基本方針」（以下「基本方針」という）において、合理的配慮の提供は本人からの意思の表明が前提になるとしている一方で、「本人の意思表明が困難な場合には、（中略）本人を補佐して行う意思の表明も含む」としている。重度知的障害児への意思の表明に対する支援は、意思疎通能力に対する支援にとどまらず、いかに本人の意思を解釈・補充しながらその表明を補助するかに及ぶべきであると考えられる。そして基本方針では、「意思の表明がない場合であっても、（中略）当該障害者に対して適切と思われる配慮を提案するために建設的対話を働きかけるなど、自主的な取組に努めることが望ましい」とされている。このことから、合理的配慮が必要であることが明らかならば、子供や保護者からの申出の有無にかかわらず、学校の見立てにより合理的配慮の提案をする努力をしていくことが望まれていると言える。

以上のことから、学校においては実態把握による子供の意思の推察を基に、子供や保護者との面談において共同で意思をより明確にする意思決定支援を図った上で、適切な合理的配慮を提供していくことが求められると考える。

　そこで、注意すべきなのは、本人の意思が言語として十分に表出されていないから、それを保護者の願いや希望、ニーズにそのまま代えてしまってよいわけではないということである。また、教員の見立てに依存したものになってはならないということである。「本人を補佐した意思の表明」を形にしていくに当たっては、本人の意思を解釈・補充することをその根幹に据えなければならない。

（3）本人のニーズを捉え本人の意思を解釈・補充し、本人主体の合理的配慮の提供へ

　特殊教育から特別支援教育への変換がなされ、個別の教育支援計画・個別の指導計画の作成が行われるようになり、「ニーズ」という言葉を多く見聞きするようになった。そして特別支援教育では、「特別なニーズ」「特別な教育的ニーズ」「個別のニーズ」など、いくつかの言葉と連なってニーズという言葉は使われている。それだけ、「個」を大切にしていこうとする姿勢があったからではあるが、一方で、その言葉の意味するところの共通理解も曖昧なままで、今日まで使われてきてしまったのではないかと感じる。

　「共生社会の形成に向けたインクルーシブ教育システム構築のための特別支援教育の推進（報告）」（文部科学省、2012）において、「『合理的配慮』は一人一人の障害の状態や教育的ニーズ等に応じて決定されるもの」とされている。特別支援教育に携わってきた人間からすれば、「今までやってきたことなんだから、これまでどおりでいいじゃないか」と言いたくなることだろう。ただ、教育的ニーズはあくまで学校側が教育目的や内容を基盤にした「個々の特質に応じて必要な学習手段および学

習内容」（古田、2005）であり「何が与えられるべきか」を基盤にした
ものである。学校教育における合理的配慮の提供でまず焦点を当てるべ
きなのは、教育的ニーズに即した学習活動へ参加する上で、本人は「何
を必要としているか」という本人のニーズであり、教育的ニーズとは区
別して捉えられるべきではないかと私は考える。そして重度知的障害の
ある子供への合理的配慮の提供に際しては、そのニーズを把握するだけ
ではなく、それを材料として、「本人が何を望み、訴えているのか」と
いう子供の思いを、本人の行動や発する言葉から解釈・補充することが
求められる。なぜなら合理的配慮の主体は本人にあり、その提供は本人
の意思の表明に基づくからである。

　もちろんこれまでも、ニーズあるいは教育的ニーズという言葉で子供
のことを考え、指導支援を行う努力はしてきたはずである。しかし、教
育的ニーズと本人のニーズは別に捉え、かつ本人のニーズをまず捉え、
意思を解釈・補充しようとすることが本人主体の合理的配慮の提供には
必要である。

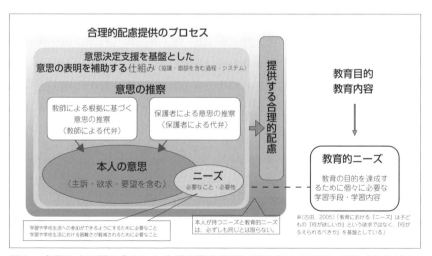

図1　意思決定支援を含有した合理的配慮提供に係る意思の表明を補助する仕組み

② 実践紹介

（1）本人主体の合理的配慮の提供を目指すに当たっての葛藤

　前述のとおり、私は、重度知的障害児へ本人主体の合理的配慮を提供するには、本人の意思を解釈・補充すること、つまり本人の意思を推察することが必要であると考えた。それは、とても難しいことであるし、どんなに手を尽くしたとしても、推察した意思が本人の意思と相違ないという100％の確証は得られない。ましてや、多忙な学校教育の現場で実践することに、躊躇がなかったと言えば嘘になる。それは、実践に時間と労力を費やすことが求められるからであり、多忙感を助長させることにつながると学校現場では捉えられてしまうことは目に見えていたからだ。

　しかし、その躊躇は教員としての私自身のための保身以外の何物でもなく、何より目の前の子供たちを第一に考えたものではないのではないか。合理的配慮は人権の保護・促進という障害者権利条約の意味することの本質を体現化し、それを当事者へ保障するものなのではないか。ならば、たとえ確証を得ることができなくても、学校教育の現場で人権を保護・促進するための最大限の努力をすべきである。そう、自らを律しながら実践を行うに至った。

　なお、これから紹介する実践は、私が平成28（2016）年度筑波大学特別支援教育研究センター現職教員研修生として、研修の成果を報告した内容の一部を簡潔にまとめたものである。

（2）意思の推察と本人・保護者との対話を含む意思決定支援を基盤とした合理的配慮の提供

　まず、自立活動とICFの視点に基づく実態把握資料を①から③の三

つ作成した（**図2・3・4**）。また、実態把握資料①から③を活用して意思の推察や本人・保護者との面談を通じて意思決定支援を行うために、**図5**のフローチャートを基に実践を行った。

本人と保護者の願いシート
本人の願い　（こうなりたい、こうしたい、～ができるようになりたい）
※保護者の方が代筆する場合は、本人に聞いたり、あるいは普段の様子から考えたりして、本人の思いやニーズをできる限り代弁するような形で記入してください。
がくしゅう 学習 のこと　（例）自分の気持ちを、相手に分かるように伝えたい。
せいかつ 生活 のこと　（例）放課後や休日に、いろいろなことをして過ごしたい。
ほか その他 のこと
はいりょ 配慮 してほしいこと（手伝ってほしいこと）（気にしてほしいこと）　（例）カードなどをつかったコミュニケーションができるようにしてほしい。
保護者の願い　（こうなってほしい、こういうことをしてほしい、～ができるようになってほしい）
学習面
生活面
その他
配慮してほしいこと

図2　実態把握資料①

自立活動「心理的な安定」 実態把握資料① 困難を把握するためのシート（重度知的障害）

本人の様子（学習上・生活上の困難）	難しい→✓ 年	考えられる困難の要因 ※（）は課題と異なる区分であることを示す
好きな遊びや活動があると、落ち着いて過ごす。		情緒発達のつまずき、情緒の調整力の不足
決まった活動、場所、対人関係であれば、落ち着いて過ごす。		情緒発達のつまずき、情緒の調整力の不足、生理的不快感による不安定さ
生理的不快感（暑い、うるさいなど）から不安定になっても、好きな活動やアイテム、別室移動によって、次第に落ち着く。		情緒の調整力の不足、生理的不快感による不安定さ、感覚過敏（環）
身近な家族や教師の働きかけによって、待つことができる。		見通しの持ちにくさ、他者からの伝達意図理解のつまずき（人）、自分の意図と他者の意図の相違に対する調整力の不足（人）
スケジュールや指示書に沿って行動する。（具体物や半具体物の提示も含む）		見通しの持ちにくさ、指示待ち傾向、状況を理解する力の不足、他者からの伝達意図理解のつまずき（人）、自分の意図と他者の意図の相違に対する調整力の不足（人）
スケジュールの変更や活動内容・手順の変更に対応する。		急な変更への不安、状況を理解する力の不足、他者からの伝達意図理解のつまずき（人）、自分の意図と他者の意図の相違に対する調整力の不足（人）
賞賛や成功体験により、「できた」という実感を喜び、それを励みに行動する。		自己肯定感の低さ、成就感を味わう経験の少なさ

図3　実態把握資料②（抜粋）

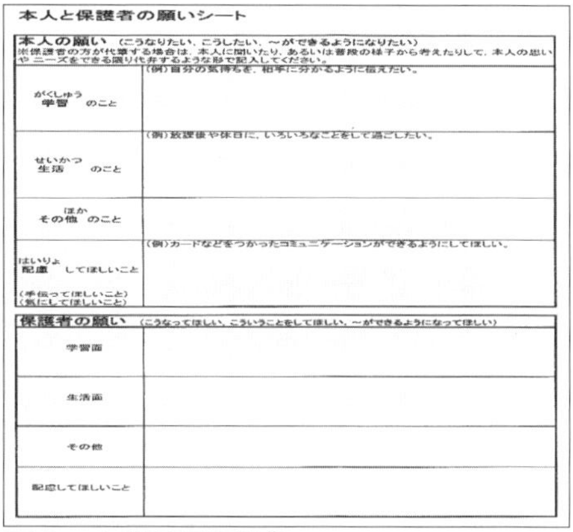

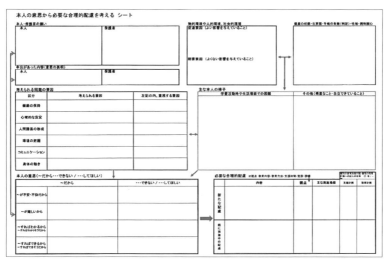

図4　実態把握資料③

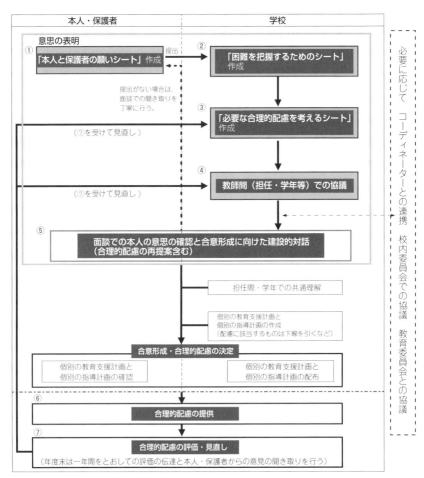

図5　意思の表明を補助する仕組みを起点とした合理的配慮提供のプロセス

図5の各プロセスについての説明

---

①「本人と保護者の願いシート」の新規作成（新入生、4年生）/ 確認・修正（その他在校生）
　・本人の願いを代弁する場合は、本人の様子を見るなどして、「本人はこんなことを望んでいるであろう」というように、意思を推し量りながら願いを記入する。

・新規作成の際に、保護者が本人の願いや申出を代弁することが難しい場合は、本人の様子から考えられる願いを学校側から保護者へ伝え、それを参考に本人の願いについて記入してもらうことも考えられる。

② 「困難を把握するためのシート」の作成
・本人の認知特性や障害特性、健康状態などから困難の要因を把握、理解する。
・意思の表明（本人・保護者からの申出）の有無に関わらず、記入をする。

③ 「必要な合理的配慮を考えるシート」の作成
・②の「困難を把握するためのシート」から把握した困難の要因や本人の得意なことや優位性、本人・保護者の願いなどの情報を勘案して潜在化している本人のニーズを把握する。そのニーズに本人の様子を照らし合わせて、本人の意思を推察し、必要な合理的配慮を考える。
・このシートを記入し埋めることが目的ではなく、情報を整理し、教師間での協議や面談での意思決定支援を合理的・建設的に行うための資料として作成する。
・関係資料（前年度の個別の教育支援計画、個別の指導計画など）を参照して、記入する。
・本人の意思の欄、必要な合理的配慮の欄は、複数の教師で確認しながら記入する。もしくは空欄のままで、教師間での協議や面談をしながら記入する。

④ 教師間（担任間・学年等）での配慮についての協議
・上記①②以外の関係資料（前年度の個別の教育支援計画、個別の指導計画など）も持ち寄りながら、協議を行う。
・本人の意思を可能な限り尊重しているか、得意な面を生かし主体的に活動できるのか、困難を軽減あるいは取り除くことができ、安心し落ち着いて活動できるのかという視点から、合理的配慮を検討していく。
・教師個々の主観や子どもに対する願い、また教育的ニーズからの観点での議論にならないようにする。「この子にとって何が必要か」ではなく、「この子は何を必要としているのか」を議論する。
・③「必要な合理的配慮を考えるシート」の「本人の意思」の欄や「必要な合理的配慮」の欄を記入していく。

⑤ 個人面談での本人の意思の確認、合意形式に向けた建設的対話
・改めて本人・保護者の願いや申出、推察される意思を確認する。④までで整理したことも踏まえながら、学校側から合理的配慮の提案はするが、あくまで提案であるので、この場で本人・保護者の意向を聞き取りながら、合意形成を図る。
・意思の表明（本人・保護者からの申出）があった場合、それが必要な配慮かどうかを具体的に配慮の必要な場面を考えながら、代替案の検討も含めて相互理解をする。
・決定した配慮は、年度途中であっても必要に応じて見直し、変更することが可能である旨を本人や保護者に伝える。
・「均衡を逸した又は過度の負担」かどうかの判断やその説明が難しい場合は、管理職に相談の上、校内委員会や教育委員会からの意見を仰ぐ。

⑥ 合理的配慮の提供
・本人の様子を記録し、合理的配慮の評価や見直しに役立てるようにする。
・関係する職員で配慮の内容や方法に違いが生じないように、共通理解をした上で提供する。

⑦ 合理的配慮の評価・見直し
・本人の意思を尊重した配慮が提供できたか→本人の持つ力を生かし主体的に活動できているか、困難を軽減あるいは取り除くことができ、本人が落ち着いて活動できているかという観点からの評価を行う。
・合理的配慮の変更や新たな合理的配慮の追加に関しては、これまでの経過の報告を兼ねながら変更理由を説明する。

そしてそれらを活用した実態把握や意思の推察、また子供や保護者との面談において共同で意思をより明確にする意思決定支援を２名の子供に対して行った。教師による意思の推察と保護者による意思の推察を統合し、実態把握資料③でその他の情報を整理し考慮しながら必要な合理的配慮を導き出した。面談でも、「本人の意思から必要な合理的配慮を考えるシート」を保護者に提示して、事前に聞き取った願いや申出からどのようなニーズを引き出し、意思を推察して新たな合理的配慮の提案に至ったのかを説明すると同時に、家庭からの主訴や要望を十分に聞き取ることを念頭に置きながら話を進め、合意形成に至った。その実践の概要を**表１・２**に簡潔に示して紹介する。

表１　Ａ児の主な様子と意思の推察及び意思決定支援の概要

手帳判定などの実態	×特別支援学校　事例Ａ児（申出あり） 療育手帳Ａの１　自閉症 太田ステージ評価（Stage　Ⅱ）
年度当初の申出	「パニックになったときには、安全の確保や気持ちを落ち着かせるために、別室への移動をしてほしい」 「不安定なときには無理はせず、可能な限り本人の意思を尊重してほしい」
「困難を把握するためのシート」から把握した困難とその要因	「スケジュール等の変更への対応が難しい」 →自分の意図と他者の意図の相違に対する調整力の不足 「身近な家族や教師の働きかけによって待つことが難しい」 →見通しの持ちにくさ、他者からの伝達意図及び意思伝達のつまずき
推察した本人の意思 ※「必要な合理的配慮を考えるシート」より抜粋	「言葉だけでなく、絵や写真を見ると分かるから、絵や写真を示してほしい」 「次に何をするか、終わりはいつなのかを事前に伝えてもらえると分かるから、個別にスケジュール表を作って伝えてほしい」 「いつ自分の順番になるか分からないと不安だから、順番や内容を視覚的に示してほしい」
担任間での協議内容	保護者が代弁した本人の願い「パニックのときに、気持ちを伝えたい」 →不安定なときに気持ちを伝えることは、情動調整が難しい本児にとっては困難。不安を軽減させることに焦点を当てる。

面談における 確認事項	予定や内容、順番とそれらの変更を分かりやすく伝えることに併せて、「待つこと」そのものに対する支援をしていく。
合意形成を経た 新たな合理的配慮	①活動の内容や手順を視覚的に示す。 ②待つことが分かるように、実物や視覚的な手がかりで伝える。

表2　B児の主な様子と意思の推察及び意思決定支援の概要

手帳判定などの実態	療育手帳Aの1　ダウン症候群 太田ステージ評価（Stage　Ⅱ）
年度当初の申出	なし
「困難を把握するためのシート」から把握した困難とその要因	「単語の音声模倣が難しい」 →聴知覚と運動の協調の難しさ ※新たに提供するに至った合理的配慮に関連するもの
推察した本人の意思 ※「必要な合理的配慮を考えるシート」より抜粋	言葉だけで伝わらないことがあるから、シンボルや写真カードなどの補助手段を使いながら伝えたい。
担任間での協議内容	補助手段を使う力を含めて、本人の伝える力と捉える。 ただし、本人は言葉で伝えようとする意欲が強く、その姿を見ている保護者も言葉で伝えることができるようになってほしいと願っているので、音声伝達の補助手段として合理的配慮を考える。 帰りの会などの決まった場面で、伝える力を向上させていくことがよいのではないか。 平仮名での表記は、文字数が多いあるいは見慣れない単語であると読むことが難しい。 本児の発達段階に合わせ、視覚的な手がかりだけでなく、音声の手がかりがあった方がよい。
面談における 確認事項	言語表出の補助手段として、カードだけではなく音声ペンを使用する。 音声ペンはあくまで補助であり拡大手段として用いる。代替手段ではないことを念頭に置く。
合意形成を経た 新たな合理的配慮	個別の学習の時間や帰りの会で、カードと音声ペンを補助的に使用し、その日に頑張ったことや楽しかったことなどを伝える。 （1学期は、なぞり書きした日誌を見ながら伝えていた）

③ 今後に向けて思うこと

　前項の実践を踏まえて、本人主体の合理的配慮を提供する上で重要なことのうち、主なものは以下の三つであると言える。

①　可能な限り本人の意思を推察・尊重し、表明を補助した上で合理的配慮を提供すること。

②　必要な合理的配慮を考えるための共通の根拠を持つこと。

③　共通の根拠を基に、教師間での協議や本人・保護者との面談における意思決定支援を行うこと。

　「『合理的配慮』は一人一人の障害の状態や教育的ニーズ等に応じて決定されるもの」という表現の中に、そしてそれを踏まえたこれまでの実践の中に子供本人の意思を尊重し、その表明を補佐するということが、どれほど含まれているのか。たとえその表明が合理的配慮に係る直接的な表現に至らなくても、また的確に表現できていないとしても、子供本人の意思がどのように表現され、何を言わんとしているかということに教員をはじめとした周囲の人間が目を向けられていないのであれば、それは人権を保護・促進する取組として、決して十分だとは言えないのではないだろうか。

　これまでも個別の教育支援計画・個別の指導計画の作成や活用に当たっては、本人・保護者の参画が求められてきたが、公立学校において合理的配慮の提供が義務となり、本人・保護者の参画がより必要とされるようになったと言える。合理的配慮の内容を個別の教育支援計画・個別の指導計画へ記載し引き継いでいくだけではなく、意思決定支援を通して導き出した合理的配慮の根拠を明示して引き継いでいくことも、人権の保護・促進の強化や、能力を最大限度まで発達させ、社会参加を図る支援には不可欠である。

　推察した意思が本当に本人の意思と相違がないか、実施した意思決定支援が正しいのかの確証を得るに至らなくても、今後も長期的な視点で実践・検討を重ね、本人主体の合理的配慮を提供するための新たな方策を模索し続けていく努力が求められていると私は考えている。

【注】

「意思決定支援」

　柴田（2015）は、「意思決定支援とは、機能障害により判断能力に困難がある人が（中略）自らの意思と選考に基づいて法的能力を行使して行動できるように、本人が判断能力を高めるように支援すると共に、判断能力がなお不足する場合にはそれを補う支援である」としている。本文における意思決定支援も同様に定義する。

※柴田洋弥（2015）「意思決定支援と法定代理制度の考察－障害者権利委員会一般意見書に適合する成年後見制度改革試論－」柴田洋弥ホームページ、http://shibata.hiroya.info/2015　1105gaiyouhouteidairi.html（2016年7月3日閲覧）。

「重度知的障害児」

　本文及び私の実践において重度知的障害とは、知的障害を知能機能と日常生活における社会的、実用的スキルを意味する適応行動の両方における重大な制約によって特徴づけられている障害とするAAIDD（アメリカ知的・発達障害学会）の定義や日本の療育手帳の判定、先行研究等を踏まえ、古井（2016）が定義した以下の状態像である。なお、児童の権利に関する条約や児童福祉法の年齢区分に倣い、18歳未満の年齢の子供を指す。

　①療育手帳の判定が重度、最重度の「A」である。②日常生活動作（食事、排泄、入浴、移動、買い物など）に多くのまたは何らかの介助を要する。③特に言語的コミュニケーションが困難であり対人関係を結びにくい。④「多動、自傷、異食等、生活環境への著しい不適応行動（問題行動）」をすることがある。⑤彼／彼女らの生活機能は、周囲の環境の影響を受け、持続的で適切な個別支援があれば改善される。

※古井克憲（2016）『重度知的障害者の地域生活におけるパーソン・センタード・プランニングの実践過程』大阪公立大学共同出版会、p.6

「本人主体」

　「本人中心」と同義で用いる。パーソン・センタード・プランニング（Person Centered Planning）が「本人を中心に据えた計画作り」と訳されることが多いことから、本人を中心に据えたという意味とする。

高等学校に併設された特別支援学校（分校）の役割とその取組

「地域で共に学び、共に生きる教育」の推進を目指して

福島県立いわき支援学校くぼた校
福島県立勿来高等学校

1 概　要

　平成27（2015）年4月、いわき市南部にある福島県立勿来高等学校（生徒数152名、普通科、創立70周年、以下「高等学校」）の空き教室を活用し、福島県立いわき支援学校（生徒数211名、小・中・高等部、知的障がいを主とする教育）高等部の分校として、くぼた校（生徒数28名、知的障がいを主とする教育）が開校した。くぼた校といわき市の中央にある本校とは、30kmほど離れており、いわき市内の特別支援教育の充実を図ること、共生社会の形成に向けた福島県特別支援教育の基本理念「地域で共に学び、共に生きる教育」を推進することを目的として設置された。

　校舎は、高等学校の南校舎1階をくぼた校の主な教室とし、情報処理室、音楽室、調理実習室、体育館、校庭等は高等学校と共有して学習活動を行っている。1日の時程は高等学校と同じ時間で設定している。

2 学校づくりに向けた取組

　学校づくりについては、前述の設置目的のもと、「高等学校内に設置された特別支援学校の分校であること」「高等学校を中心とした街の中心街に設置された学校であること」という特徴を活かしながら、「高等学校からの学び」「地域からの学び」という実践的な視点を確認し、学習活動の創造と充実に努めることとした。

3 高等学校からの学びと「交流及び共同学習の推進」

　高等学校との取組としては、「お互いの学校の教育課程の実現を大切にすること」「同じ校舎で生活しているというメリットを活かし、学校生活全体の中での接点や関わりを大切にすること」「両校の生徒・教員が無理せずにできることから始めること」等の考え方のもと実施していくよう共通理解を図った。

（1）様々な場面での接点と合同による学習活動

　同じ校舎で学校生活を送ることは、必然的に様々な場面で学習につながる接点があり、一緒に活動したり共に学ぶ機会につながったりしている。

① 学校行事〈対面式・総合消防防災訓練〉

　対面式は、学校同士による同じ校舎で学ぶためのスタートである。全校生が集まり、緊張感の中、両校の生徒会長による代表あいさつは共に創る学校生活のスタートとなっている。

　総合消防防災訓練については、高等学校生徒の行動や計画に合わせ、合同で実施している。くぼた校生徒にとっては高校生の行動を見本とする、実践的な学習となっている。

② 生徒会活動〈朝のあいさつ運動・エコキャップ運動〉

朝のあいさつ運動は、高等学校の生徒会が実施している活動である。くぼた校生徒にとって、あいさつの習慣は長所としたい行動であり、学校としても力を入れたい学習である。同じ昇降口を利用し、登下校時間も同じであるくぼた校生徒にとっても、共に学べる活動になっている。

エコキャップ運動は、お互いの学校が年度当初から計画していた活動であり、その活動を一緒に実施したことで、活動への意識が高まり、より活発な活動となっている。

③ 部活動〈茶道部・家庭クラブとのつながり〉

茶道部部員の生徒が、くぼた校生徒をお茶会に招待してくれた。茶道部としては、毎年参加している定期講習会に向けた事前練習の活動として位置付けているが、くぼた校生徒にとっては高等学校の部活動に触れる貴重な学びの場となった。お茶をいただく際の生徒同士が向かい合う光景は、緊張の中にも深まりのある人との関係づくりにつながっている。

家庭クラブとのつながりについては、くぼた校が作業学習で織ったさをり織りの反物の製品化を高等学校の家庭クラブにお願いした。このつながりは、家庭クラブのボランティア計画とも重なって、より目的意識の高い取組になっている。

（2）両校をつなぐ「共生プログラム」の実践

「共生プログラム」は、くぼた校が併設されるということで高等学校が準備した計画である。高校生一人一人が障害をはじめ、多様な価値観などの違いを理解し認めていく心の土台づくりにしたいということで取り組んできたこの計画は、両校をつなぐ大切な基盤になっている。主な学習内容は、資料1のとおりである。「不自由さっ

て、なに？」については、不自由さの模擬体験を通して、相手の立場を理解し、併せて自分自身の行動や感じ方について気付くことで、日常的な生活にも置き換えて人との関わりや行動の仕方を振り返られるように取り組んだ。

　実施に向けては、両校の教師が互いの学校における指導目的や生徒の実態について共有し合い、授業に臨んだ。くぼた校生徒の活動に対する事前アンケートでは、期待と不安の両方の意見があったが、活動を通して高等学校生徒の学習に対する取り組み方への気付きが見られている（**資料2**）。高等学校生徒にとっては、特別支援学校の学習について知ってもらうことだけでなく、「共に生きること」についての理解の一歩につながる取組となった。その成果は、資料3の高等学校生の「振り返り」から読み取ることができる。

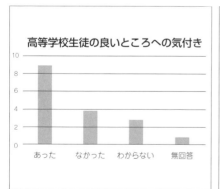

平成28年度　勿来高等学校「共生プログラム」

●日時　平成28年5月6日（金）1～6校時
●対象　1年生全員57名（1組・29名・2組・28名）
●内容について

	内　容	講　師	場　所
1校時 2校時	① **「不自由さって、なに？」** ・共生社会について理解する。 ・不自由さ（障がい）の疑似体験をする。 ・不自由さがあるとき、また障がいがあることはどのような感じなのか、その状況を理解することで、その後のかかわり方を考える機会にする。 ・障がいがあることへの理解を深め、コミュニケーションの幅を広げる。	くぼた校 教員2名 勿来高校 教員2名	第2体育館
3校時 4校時	② **「くぼた校について知ろう」** ・くぼた校の生徒が活躍する映像等を紹介することで、くぼた校生徒の良いところに気付かせる。 ・くぼた校の先生や生徒から学校生活についての説明を聞いたり、また、特別支援学校で行われている授業の意義やねらいなどについて理解したりすることで、「作業活動＝楽しい」ではない、目的や実情の部分について考える機会とする。	くぼた校 教員2名 生徒会長 勿来高校 教員2名	視聴覚室
5校時 （2組） 6校時 （1組）	③ **「くぼた校の生徒と一緒に活動しよう」** ・くぼた校の生徒や先生方と一緒に活動（ビルクリーニング・製作・工芸加工・喫茶サービス）をすることで、お互いの理解や交流を深める。また、くぼた校の生徒が「職業」につなげるために行っている作業学習を体験することで、「働く」ということや「仕事をする」とはどういうことかを体感し、自分自身のあり方を考えるきっかけとする。また、くぼた校の生徒の授業内容を体験することで、くぼた校生徒や活動への理解を深める。	くぼた校 教員8名 （班担当） 勿来高校 教員4名	くぼた校 各教室

資料1

高等学校生徒の良いところへの気付き

（グラフ：縦軸 0〜10）
あった：約9／なかった：約4／わからない：約3／無回答：約1

資料2

〈質問〉
勿来高校の生徒の良いところ、すごいと思ったところはありましたか。
・返事等がはっきりしていてすごいと思いました。
・材料の形を丸の形にするときに、形が整っていて美しいと思った。初めての体験でまじめに取り組んでいた一人の女子生徒に関して、自分もその姿を見習うべきと思った。
・エコタワシのやり方をおぼえていました。
・じょうずだった。

5. 6校時『くぼた校の生徒と一緒に活動しよう』の振り返り　～抜粋～
○　この授業で印象に残ったことや考えたことを書いてください。
・くぼた校の人と協力してエコバッグを作ることができた。手先の器用さにおどろいた。同じものを一緒に作ることに「やりがい」を感じた。
・毛糸でたわしを作った。以外にむずかしかった。それをすいすいやっているくぼた生徒はすごいと思った。
・私たちは、窓そうじでしたが、使ったことがあまりない道具を使ったので大変でした。でも、くぼた校の生徒がこのように掃除を行っていると考えると、すごいことだと思いました。
・いつもの清掃活動と時間があまり変わらないはずなのにいつもよりも疲れました。思っていたよりも、たいへんなことを毎週くぼた校の生徒の人たちがしているからすごいと思いました。
・くぼた校の人の教え方が分かりやすかった。とても疲れる作業だった。

「共生プログラム」全体を通した振り返り　～抜粋～
○　今日の作業を通じて、これから社会（＝学校、地域等）の中で生活していく上で大切にしなければいけないことは何だと感じましたか。
・昔は障害のある人にはあまり触れることがなかったが、勿来高でくぼた校の人と一緒なので、普通の生活の中で優しく接するようにしていきたい。「特別」ということはなく、同じ人として共生していきたいです。
・人の悪いところではなく、よい所を見る！　その人の個性を大切にする。何事にもみんなで協力することが大切だと思った。
・障害があるからといって、特別扱いをしないで、友達と同じように話をしようと思った。
・障害者だからと差別せず、仲よくいろいろなことに取り組んでいければいいなと思った。将来に役に立つことを学べたのでよかった。
・理解を深めて共生していくことが大切だと感じた。
・色々な人達のことを分かって自分もその支えになるように頑張っていきたい。

資料3

（3）「共に学ぶ」を目指した体育科「ダンス」の授業

　教科学習における「共に学ぶ」を目指した実践である。くぼた校生徒が興味を持っている題材「ダンス」について取り上げ、両校における授業に関する課題の共有と擦り合わせを行い（**資料4**）、その課題解決に向

授業に関する課題

〈くぼた校の課題〉	〈高等学校側の課題〉
・集団に関する適応力 ・高校生との関わり ・動きに関する表現力、技術力	・ダンスに関する関心度 ・動きに関する表現力、技術力 ・授業に対する積極性

資料4

け、両校の教師で教材研究や授業づくりを行った。

① **授業づくりの工夫**

　○意欲づくりの工夫

　　・身近な興味の持てる曲の選定

　　・教職員による模範演技

　　・プロモーションビデオ（以下、PV）の制作

　　・小グループに分けた練習方法

　　・基本的な動き（ダンス）の選定

　○授業のねらいと交流活動に係る教師間の共通理解と調整

　　・体育や運動に関する基本的な授業づくり

　　・交流活動を意識した授業づくり

　　・両校の授業内容の理解と生徒の実態把握

② **指導計画（7時間）**

　　・全体練習（教員による模範演技、振り付けの確認）……2時間

　　・グループ練習（振り付けの練習、ダンスの構成）………2時間

　　・全体練習（グループ発表、ビデオ撮影）…………………2時間

　　・まとめ（PV視聴、振り返り）……………………………1時間

　この授業を通して、くぼた校生徒は「きんちょうしたけど、たのしかった」「いっしょにあわせることができた」等集団の中での学習の仕方や模倣によるダンスの動きに関する表現力、技術力の向上という学びにつながった。また、高等学校生徒もアンケート（**資料5**）のとおり、十分な学習の成果につながっている。

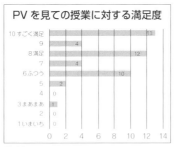

PV を見ての授業に対する満足度

10 すごく満足	13
9	4
8 満足	12
7	4
6 ふつう	10
5	2
4	0
3 まあまあ	1
2	0
1 いまいち	0

0　2　4　6　8　10　12　14

・一人一人が楽しく踊れた。
・クオリティーが高かった。
・みんなちゃんとそろっていた。
・プロモーションビデオを見たら、
　完成度が高かった。
・いろんな班のダンスが見られて良
　かった。
・みんな真剣に取り組んでいた。
・みんなで協力できてよかった。
・恥ずかしかった。
・またダンスをしたい。
　　　　　　　　　　　　　　等

資料5

---

④ 地域からの学びと「つながる地域づくり」（10 の実践）

（1）社会貢献を目指すボランティア活動

　海岸清掃や交通安全キャンペーンに参加している。この活動は、高等学校が積極的に行っていた活動であり、この活動を手本とし、くぼた校も街のボランティア団体の活動に参加し、実施している。ごみ拾いやティッシュを配っての交通安全の呼びかけは、くぼた校生徒にとっても取り組みやすい活動であるとともに、社会貢献活動への参加意識や地域の課題に接する大切な学びとなっている。

（2）放課後活動として行ったダンスワークショップ

　地域の NPO 法人からの誘いを受けたことをきっかけに、希望者を募りダンスワークショップに参加した。放課後の時間を使い、月1回高等学校の演劇部と一緒に、プロの指

導者から学んでいる。毎年、最後に公民館や市民会館で発表会を計画し、地域の方々に学習の成果を発表している。

（3）震災復興を目指すエアバッグの染色活動

廃車になった車の未使用のエアバッグの再利用を進める事業の手伝いを行っている。この活動は、震災からの復興を目指している地域のNPO法人からの依頼で始まり、くぼた校では作業学習の一つの活動として取り入れ、エアバッグの糸ほぐしと染色を行っている。染色したエアバッグを地域のNPO法人の方がバッグなどの製品にして、販売活動に活用している。

（4）進路先である特例子会社との合同研修会

交通安全教室（歩行シミュレーターを利用した道路横断の擬似体験）の実施に当たり、進路先である近隣の特例子会社に呼びかけた。企業の安全研修会ではなかなか設定しにくい内容であり、くぼた校は安全な通学、会社側は安全な通勤を目指した学びにつながった。また、特例子会社の社員の方たちがメモをとりながら学ぶ姿は、くぼた校生徒の模範にもなり、社会人から学ぶ貴重な学びとなった。

（5）企業の協力を得て実現した産業現場作業学習
　　（デュアルシステム型学習）

週1回作業学習の時間に、企業現場での仕事を学習する産業現場作業学習に取り組んだ。分校という手狭な施設の弱点を補う作業学習の一形態となった。街の中心に位置する立地条件、地域企業の協力で実現したものである。

仕事の内容を引き継いだ教師が生徒に伝え、一緒に作業をするという

学習方法で、企業にとっても負担の少ない計画で進めている。生徒にとっては、実際の仕事場で気付いた自分の課題を学校に帰って振り返ったりフォローアップしたりする、より実践的な学びのスタイルにつながっている。

（6）地域への理解を深める広報活動

くぼた校では、地域向けの回覧板（地区450戸に配付）、ホームページ、高等学校生も含めた校内生徒向け掲示板の作成に力を入れている。また、公民館での生徒作品の展示会、地域イベントや地域スーパーでの作業製品販売会を通して、特別支援学校の生徒への理解者、支援者づくりを目指した活動を実施している。

（7）中学校特別支援学級の一日体験

街の中心部にある高校という通学しやすい立地条件により、近隣中学校特別支援学級からの一日体験の依頼がある。中学生にとっては、より理解しやすい進路指導の方法であり、くぼた校生徒にとっても後輩の参加という学習への意欲を高められる機会につながっている。

（8）つながる支援に向けた特別支援学級担任との研修会

年に1度、近隣の小中学校に呼びかけ、授業研究会及び情報交換会を実施している。多様化、重複化、複雑化している学習指導、生徒指導への早期支援と継続的支援を目指し実施している。くぼた校での生徒指導上の課題

は、小中学校の課題と関連しているので、その共有を通して、生徒指導の充実と地域における課題解決に取り組みたい。

（9）地域における支援体制の整備を目指す関係機関との連携

　進路指導や生活指導の充実に向け、労働や福祉、医療等の関係機関との共通理解や連絡調整を行いながら、生徒指導の充実を図っている。現在の生徒指導は多様化、複雑化しており、学校だけの対応では解決しにくいケースも増加しており、スクールソーシャルワーカー等、様々な機関と連携して支援に取り組んでいる。様々なケースの課題を解決していくことで、地域における支援体制の整備につなげていきたい。

（10）新しい生活の場を広げる職場開拓

　進路指導の充実に向け、進路開拓を全職員で行っている。まずは特別支援学校の理解と産業現場等における実習の開拓を中心に行い、その後の就労につなげたい。分校の設置は、生活基盤を広げるきっかけとなった。しっかりと新しい生活基盤を構築していきたい。

　以上が、これまでの実践の内容と経過である。分校での生徒の学びは、その学校生活の母体である高等学校教職員の理解と協力の上に成り立っており、両校教職員間の共通理解とその実践は、生徒同様教師自身も「共に学ぶ」取組として現在に至っている。また、地域の中での教育活動に対する協力者や支援者は予想以上に多く、くぼた校自身が共生社会の形成に向けた地域づくりの拠点の一つとして、その接点に気付き、つなげていくことは大切な役割であると考える。

　今後も、生徒一人一人の学びをしっかりおさえ、特別支援学校分校としての学校づくり、地域づくりを目指していきたい。

（くぼた校 分校長 曽川孝規）

【参考文献】
『新教育課程ライブラリ Vol.8　特別支援教育の実践課題』ぎょうせい、2016、pp.48-51

高等学校に併設された特別支援学校の役割とその取組

併設の強みを生かす高等学校・特別支援学校の取組

兵庫県立阪神昆陽特別支援学校・兵庫県立阪神昆陽高等学校 校長　**尾原周治**

① ノーマライゼーション進展の礎を目指して

　本校は、平成24（2012）年4月に開
校した創立6年目の知的障害を対象とす
る特別支援学校と多部制単位制の普通科
高等学校である。大阪府と接する阪神地
域東部にあり、伊丹空港のある伊丹市の
武庫川に接する地区に所在する。

　本校（以下高等学校と特別支援学校両校を指す）の開校の経緯は、全
国の多くの多部制単位制高等学校と同様、近隣の夜間定時制高等学校3
校を統廃合する形で開設されたが、先進的な試みとして知的障害のある
生徒を対象とした職業科（高等部単独設置）の阪神昆陽特別支援学校（以
下「特別支援学校」という）を同一敷地に設置し、両校が「交流及び共
同学習」を広範かつ日常的に取り組むことにした。基本理念は「触れあ
いを通じた豊かな人間性を育むとともに、社会におけるノーマライゼー
ションの理念を進展するための礎となる学校」を目指している。可能な
限り二つの学校を一つの学校として運営するために、校長は両校兼務と
し、校歌、校章、校訓、標準服等を同じとした。また、特別支援学校の
副校長は高等学校の教頭を兼務、両校の教頭、総務部長、教務部長、生
徒指導部長をはじめとする各部長も兼務し、校長を補佐している。また、

交流及び共同学習を行う教員は両校の兼務としている。

 2　　交流及び共同学習

　同一敷地内に特別支援学校と高等学校が併置されていることのメリットを生かして日常生活の中や学校行事を通して常に交流しているだけでなく、共に学ぶ教科・科目を設定して両校の教育課程に位置付けている。これは両校の生徒にとっても教育効果があり、豊かな人間性を育むことが可能になる。また、この交流及び共同学習を通して、助け合ったり、時には人間関係のトラブル等も乗り越えたりする経験を経て、両校の生徒がお互いを理解し、信頼関係を築いている。

（1）授業（共同の学び）

　本校では授業での交流及び共同学習を「共同の学び」と呼び、交流の形態によりA〜Dの四つのタイプで実施している（**表1**）。

　　タイプA　高等学校の必履修科目のうち実技・実習を伴う科目について、両校の生徒が年間を通して共に学ぶ。

　　タイプB　高等学校の基礎的・教養的な内容や実技・実習を伴う内容の選択科目について、特別支援学校の希望する生徒が選択し、両校の選択した生徒が年間を通して共に学ぶ。

　　タイプC　特別支援学校の職業教育やソーシャルスキルトレーニング等の特色ある教育活動について、高等学校の希望する生徒が参加し共に学ぶ。

　　タイプD　近隣の高等学校と連携し、近隣の高等学校の施設・設備を利用して両校の希望する生徒が学ぶ。

表1 四つのタイプの「共同の学び」

	高等学校	形態	特別支援学校	対象学年・年次
タイプA	・音楽Ⅰ・美術Ⅰ ・体育・社会と情報	⟷	・充実分野 （音楽・美術・保健体育・情報）	1年生・1年次生
タイプB	・現代社会・数学Ⅰ・化学基礎 ・科学と人間生活・生物基礎 ・理科入門・書道Ⅰ・家庭基礎 ・英語入門・情報処理 ・対人援助	⟵	・基礎分野（国語・数学） （社会・理科） ・充実分野（外国語） ・技能分野（家庭）	2年生・1、2年次生以上
タイプC	・キャリアプランニング	⟶	・技能分野 （ビジネス総合） ・現場実習	3年生・3年次生以上
タイプD	・地域社会へ支援	⥮	・福祉・介護コース	
	近隣の県立高等学校 （施設活用型の学習／学校間交流型の学習）			

●高等学校に特別支援教育の視点が浸透

　現在、中学校において通級における指導を受けている生徒数は年々増加している。「インクルーシブ教育システム」の理念を踏まえ、高等学校においても適切に特別支援教育が実施されるよう多様な学びの場の整備が必要である。

写真1

　本校の交流及び共同学習の授業はチームティーチング（**写真1**）で展開しているため、特別支援学校と高等学校の教員は日常的に授業の進め方等の綿密な打合せが欠かせない。特別支援学校と高等学校とでは授業の進め方や教え方が異なることが多

く、打合せをする中で両校教員の学び合いが自然と発生している。

　また、高等学校には学習習慣が身に付いていない生徒が多く、特別支援学校の生徒向けと見られがちな配慮（ユニバーサルデザイン授業）が高等学校生徒にとって学習意欲を高める結果になっている。高等学校においても、特別支援教育の見地に立った支援の必要性が謳われているが、本校では交流及び共同学習を通して高等学校の教員が自然とその内容や方法を身に付けていっているのである。

写真2

　例えば、授業中集中することが苦手な生徒に対しては、タイムタイマー（**写真2**）を活用し視覚的に授業の終わりが分かるような支援を行うことで授業への参加意欲や学習意欲が喚起された。また、口頭での指示や説明を理解することが難しい生徒の多い講座では、黒板やホワイトボードに授業の流れ（**写真3**）や使用プリント、教科書のページ数を明示する（**写真4**）ことで私語や教室

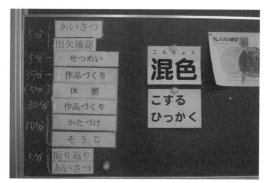
写真3

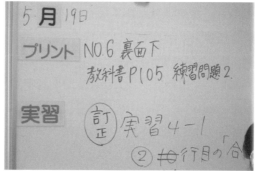
写真4

内での立ち歩きが減少した。以上のような手立ては、特別支援学校の教員にとっては当たり前のこととしてされており、何ら特別なことではない。しかし、高等学校の教員にとっては当たり前の支援だという認識は薄い。ただ、交流及び共同学習の授業づくりの中で、特別支援学校の教員から様々な手立てを紹介されることで授業改善の取組につながっている。

（2）行事での交流

学校行事においてもできるだけ両校共同で開催し、生徒が交流する機会を多く設けている。以下に代表的な行事を挙げる。

① 入学式

高等学校には４月（前期）と 10 月（後期）に入学式があるが、４月に行われる入学式は共同で開催している。両校の代表が一緒に新入生宣誓を行い、これからの学校生活で「共に学び、共に伸びる」ための一歩を一緒に踏み出す。

② 体育祭

５月に開催される体育祭は、特別支援学校と高等学校の１部、２部、３部と対抗で行われている。例年、体育祭前から両校の生徒会が一緒になって準備や企画を行い、「昨年を超える盛り上がりにしよう」という共通の目標のもと、得点板やプラカード、飾り作りなど連日作業を行っている。６回目となる平成 29（2017）年度は特別支援学校が２回目の総合優勝を果たした。

③ 校内生活体験発表大会

本来、生活体験発表大会は定時制通信制高等学校に通学する生徒が自分を振り返り、将来への決意を発表するものであるが、特別支援学校の生徒も参加して開催している。例年高等学校生の発表だけでなく、特別支援学校の生徒の発表もすばらしく、阪神丹有地区高等学校定時制生徒生活体験発表大会、兵庫県高等学校定時制通信制生徒生活体験発表大会

に特別出演し、聴衆に感銘を与える発表を行っている。

④ **タイ王国の学校との交流**

　両校の国際理解教育を進めていく一環として平成27（2015）年度タイ王国の「King's College」と姉妹校提携し、平成28（2016）年8月に高等学校・特別支援学校の両校の生徒と教員が訪問し、10月には両校で「King's College」の生徒と教員の受け入れ、相互訪問を行った。さらに平成28（2016）年度新たに、「Matthayom Sangkeet Wittaya Bangkok School」とも姉妹校提携を結び、お互いの国を訪問し合い、交流を深めている。

⑤ **阪神昆陽祭（文化祭）**

　10月に実施される阪神昆陽祭（文化祭）では、特別支援学校はクラス単位、高等学校は部単位、年次単位で模擬店、展示、舞台の各部門に取り組む。部活動などからの出品や発表もあり大いに盛り上がり、1000人以上の来客者を迎えている。また、両校生徒会執行部が文化祭の企画、運営の大部分を共同で行っている。各部門において校長賞、副校長賞、教頭賞が設けられ、表彰式では生徒たちは、互いの健闘をたたえ合い、日頃見ることのできないような笑顔であふれている。

⑥ **ノーマライゼーション発表大会**

　2月には、高等学校の学校設定教科「共生社会と人間」の学習の成果を発表するノーマライゼーション発表大会を開催している。平成28（2016）年度は、伊丹市出身の兄弟デュオ「ちめいど」を招き、ノーマライゼーションの時間に生徒が作った歌詞に曲をつけたオリジナル「ノーマソング」を披露してもらうことができた。共生社会の目指す方向が、分かりやすい歌詞とメロディで伝えられた。後半の生徒による発表は、1部「視覚障害について」、2部「統合失調症について」、3部「ADHDと自閉症スペクトラム」、「対人援助」「地域社会への支援」の各講座からは1年間の学習の振り返り、特別支援学校2年生からは職業体験や修学旅行での体験の報告という内容で、それぞれプレゼンテー

ションソフトを駆使し、分かりやすく伝えた。

（3）部活動、その他の交流

　高等学校の運動部、文化部の数はそれぞれ 15、13、特別支援学校では運動部 8、文化部 4 である。そのうち、共同で活動した部は運動部では、バドミントン部、陸上競技部、空手道部、柔道部、サッカー部、ダンス部、文化部では吹奏楽部（高等学校）と音楽部（特別支援学校）である。特にダンス部と吹奏楽部、音楽部は、近隣の小学校区街づくり協議会主催の「三世代交流ヤングフェスティバル」に出場し、日ごろの練習の成果を披露している。サッカー部では練習を一緒に行うとともに、特別支援学校の試合に高等学校のサッカー部のメンバーが審判員として自ら進んでボランティアを行っている。

　また、高等学校の科学部と特別支援学校の理科の好きな生徒、両校の理科の教員が、伊丹市教育委員会の小学生向け理科実験教室「ガリレオくらぶ」や近隣小学校の「土曜寺子屋教室」等で、1 年間に 6 回以上出前実験授業を行っている。液体窒素の実験や超簡単モーターの製作など様々なおもしろ実験で、小学生がアッと驚く楽しいと思える授業ができるよう毎回工夫をこらしている。

　さらに、11 月に兵庫県教育委員会主催の「数学・理科甲子園」にも毎年両校生徒がチームを組んで参加し、兵庫県下の高等学校生たちと互角に戦っている。これは日常的に両校の生徒が自然に交流している阪神昆陽ならではの成果である。

③ 学校設定教科「共生社会と人間」の取組

■学校設定科目「ノーマライゼーション」

　高等学校では、普通科の教科・科目以外に、職業教育に関する様々な

専門科目や学校設定教科・科目を設置している。その中でも特徴的なものが学校設定教科「共生社会と人間」である。その中で1年次生全員が履修するのが「ノーマライゼーション」である。この科目は円滑な人間関係構築に困難を抱える生徒のソーシャルスキル向上とともに、障害についての基礎知識の習得や共生社会を形成していこうとする意欲高揚のため、座学の授業だけでなく、点字や手話、車いす体験等の体験学習や障害のある方から直接話を聴く機会を設けている。講師は、社会福祉協議会や障害者団体からも招聘しているが、主に特別支援学校の教員が授業を担当している。授業当日までには、高等学校教員と特別支援学校教員が念入りに打合せを行い、高等学校生徒にどのように伝えたら特別支援学校生徒の実態が伝わるか、日々試行錯誤しながら授業づくりに取り組んでいる。

　特別支援学校の教員にとっては、高等学校生を教えることで両校一体を強く意識するとともに、生徒を理解するよい機会となっている（**写真5**）。

　最近の生徒のアンケートでは「ノーマライゼーションの知識や技術が理解できた」に対しては「よく理解できた・非常によくできた」が48％を占め、「障害のある方々への支援の仕方や接し方が理解できた」に対しては「よくできた・非常によくできた」が

写真5

65％に達した。「ノーマライゼーションの授業を学ぶ意義とは」という授業を受けた後の生徒の感想は、次のとおりである。

　○阪神昆陽の先輩にはいろいろな方がいて、今も同じようにいろいろな

人がいて、他の学校と違って、とてもいいと思います。みんないろんな悩みを持ち、学校に来ているんだなと思いました。私と同じ悩みを持っている人もいました。

○私だけではなく、今ここにいる皆が何か「しんどいこと」を背負っている。みんなと支え合えるかどうかは分からないが、今、自分が持っているマイナスの固定的な考えは変えられる。乗り越えられるかもしれない。今、悲しくても、いつか笑える日が来るのかなと思った。

○阪神昆陽の生徒はこうだっ！！とまとめることはできない。一人一人が違うんだということがしみじみ理解できた。十人十色の人々がいるからこそ人は自分や相手について考えると思う。

また、併設されている特別支援学校のことを学んだときは、

○いつも音楽の時に「何が障害なんだろう」と思っていました。今日、知的・発達障害と知れました。本当に私達と全く変わらないくらい元気で明るい人たちで、特支とか関係なく阪神昆陽の一人の生徒と思っています。これからも一緒に学んでいきたいと思う。

○発達障害と知的障害の違いについて知ることができた。もっと障害のことについて知って手助けしたい。自分もできないことがあるし、そのときは助け合って仲も深めていきたいと思った。

○中学の頃は障害を持った子が差別されがちだったけど、阪神昆陽ではそういうことはあまり見ない気がする。人間は一人一人違う。それを受け入れることができている証拠だと思います。

○特別支援学校も高等学校も一人一人違っていて、それを理解できる人がここにはたくさんいることが分かった。特別支援学校でも楽しいと思えるようになるといいな。

そして１年間「ノーマライゼーション」の授業を受けた生徒の感想は、

○私は優しくなれた気がします。お年寄りの方が歩いていても、以前ならどいて欲しいと思うようなことがありました。今は歩きにくそうだから少し待ってから前に行こうと思うようになりました。

○前は障害者の人を見かけたら避けていたけれど、ノーマライゼーションの授業を受けて、障害者の人を見かけても困っている様子なら助け

　られるようになった。

○特別支援学校の生徒とも仲良くできるようになったし、朝、家の下で
　会う中学校の時の同じクラスだった子とは毎日しゃべるようになり、
　昔よりは大人になったと思う。
　ノーマライゼーションの授業を受けていなかったら、こんな気持ちに
　はなれなかったと思います。

○いろいろな障害について知ることができ、障害のある方の気持ちが少
　しだけ分かった気がする。仕事場での自分の行動が少しずつ変わって
　きた。

○他人への考え方が変わりました。今までは自分のことで精一杯で、他
　の人は私より幸せなことが多いと思っていたけれど、そんな価値観が
　だんだん薄れていって、他の人にもいろいろな思いがあり、それを抱
　えながら精一杯生きていることが分かってきました。

というものであった。

　このノーマライゼーションの授業で、障害者への理解を深めていくに
したがい、多様な人間が社会にいるという他者理解が進んでいき、特に
不登校経験者や身内に障害者がいる生徒、また、本人が何らかの障害や
病気を抱える生徒は、障害（他者）理解を通して、自己理解を深めるこ
とができている。定時制通信制高等学校が行っている「生活体験発表会」
では、家族や自分自身の障害について発表する生徒が増えてきており、
自分自身や身近なところに障害者がいるという障害受容につながってい
る。

④　特別支援教育コーディネーターの役割

　特別支援学校のセンター的機能の独自性として、併設の高等学校への
学習面や行動面、家庭環境等の相談支援活動を適時に機能的・継続的に
行うことができるシステムを構築している点が挙げられる。高等学校で
は、日常的に特別支援学校の特別支援教育コーディネーターが教員の相

談相手になれる環境がある。従来の特別支援教育の見地に立った支援や助言を超えたより実践的な生徒指導及び生徒支援の方法を、特別支援教育コーディネーター自らが実践することで、より説得力のある支援活動ができている。つまり、特別支援学校が高等学校にとって、「頼りになる存在」なのである。

　特別支援教育コーディネーターへの相談内容で最も多いものは、行動面での問題行動への対応についてである。例えば、授業中に集中できない、私語が止められず授業妨害になってしまうケースがある。このケースの場合、特別支援学校の特別支援教育コーディネーターは、まず成育歴について高等学校教員に聞き取りをする。また、本校は同一敷地内という立地条件から、すぐに授業中の行動観察に出向くことができる。応用行動分析の手法を用いて、科学的に行動を分析した上で対応策を考えるのである。行動の意味を分析し、指導支援の手立てを考えることで教師の見立てや指導方法が変わる。このような専門的な手法を高等学校に用いることで、高等学校の教員にとっては特別支援学校の特別支援教育コーディネーターの存在意義を実感していくのである。

　他に、授業中のマナー指導についての掲示物作成（**写真6**）、問題行動による特別指導を受けることになった生徒への教材開発（**写真7**）等の助言も行っている。

写真6

写真7

5 　特別支援学校にとっての高等学校との併設の強み

　平成 25（2013）年 9 月発行の『こころの科学 No.171』によると、発達障害者の離職要因として、「障害など関係ない、努力してなおせ」と言われて重圧になった。ほかに、「会社でいじめを受けた」「人間関係で問題を抱えた」等の要因が記載されていた。このことは、企業就労を目指す特別支援学校において、聞き慣れないことではない。併設の高等学校には、義務教育段階で非行歴のある生徒も多数在籍している。こういった生徒は、特別支援学校の生徒に対して、「喧嘩を売る」や「弱い者をからかう」わけではないが、ストレートに意見を言うことが多い。例えば、食堂の券売機前で長時間思案する生徒（**写真8**）に「早くしろ」と言ったり、授業に集中できずパニックになっている生徒に「うるさい」と言ったりと、対等な人間関係として接しているのである。このような事例は、卒業後十分起こり得ることであり、特別支援学校の生徒は一般社会に出たときに遭遇するであろう場面を在学中に経験することでストレスをマネジメントする力が鍛えられるのである。

　また、両校では公開授業週間を設定しており、両校教員がお互いの研究授業を通して授業づくりについて考える機会がある。特別支援学校の教員にとって、数十名近い生徒をたった 1 人で授業する経験をしている者は少ない。高等学校の授業では、学習面や行動面で様々な困難を抱える生徒を前

写真8

に、あの手この手を考えて授業している。例えば中学校時代不登校だった生徒に、どのように教えれば学習の楽しさを分かってもらえるのか、日々悩みながら授業されている様子を見ることができる。このように、高等学校においては、特別支援学校の特別支援教育コーディネーターに

助言を受ける実態がある一方で、特別支援学校の教員にとっても地域支援に向けて適切な助言をするためのトレーニングの機会にもなっている。高等学校の教員から、集団を動かす力や集団の中で困難を抱える生徒をどのように支援していけばよいのかも学んでいる。

おわりに

　創立6年目に入り、両校で取り組んできた成果が実を結びつつあるのではないかと感じた。それが、高等学校の卒業式での答辞に現れていたので一節を紹介する。

> 　このように、私はこの学校で、たくさんのことを学んできました。その中でも、特に、印象に残っていることは、特別支援学校との関わりです。特別支援学校の生徒たちとも話すきっかけとなり、授業中にお互いの作品を見せ合ったり、掃除を一緒にしたりして仲良くなり、特別支援学校の友達もできるようになりました。そこから、食堂で一緒にご飯を食べたりして、何気ないことをたくさん話しているうちに、趣味の話などの、共通の話題を持てるようになりました。このような経験から、障害のある人に対する理解が深まり、私が進路を考えるにあたって、元々少し興味があった「特別支援教育」を、本気で考えてみようと思える大きな要素ともなりました。そして、教員免許を取るために、4年制大学の教育学部を受験し、合格できたのです。2年生から、友達の誘いで始めたボランティアや特別支援学校との共同の学びなどでのひととの関わりが、私をこの進路へと導いてくれました。私がこの道を選択できたのは、この学校のおかげです。この学校での人との出会い、学びが私を成長させてくれたので、この仕事に就きたいと考えることができたのだと思っています。

　高等学校では将来を目指す職業に介護職をはじめ看護師、教員といった人の役に立つ仕事に就きたいという生徒が多く見られる。高等学校の生徒の意識は明らかに他校の生徒とは違うと感じられる。他校の生徒は知らず知らずのうちに自分を支援する側、相手を支援される側に置いた

構図の中で「人を助けてあげたい」という思いを持ち、それが出発点となっている場合が多い。

　しかし、本校では引用の答辞にもあるように日常的に交流していることにより、完全に対等の関係性が出発点となっている。これは冒頭に述べた「社会におけるノーマライゼーションの理念を進展するための礎となる学校」としての成果が現れてきているのだろうと思っている。

共生社会の時代の特別支援教育　第1巻
新しい特別支援教育
インクルーシブ教育の今とこれから
●
執筆者一覧
●

【編集代表】
柘植　雅義（筑波大学　教授）

【編　著】＊五十音順
石橋由紀子（兵庫教育大学大学院　准教授）
伊藤　由美（国立特別支援教育総合研究所　主任研究員）
吉利　宗久（岡山大学大学院　准教授）

【編集幹事】
岡崎　　雅（筑波大学大学院博士課程）

【執筆者】＊掲載順
柘植　雅義（上掲）	1章
藤本　裕人（帝京平成大学　教授）	2章
伊藤　由美（上掲）	3章、4章
吉利　宗久（上掲）	5章
石橋由紀子（上掲）	6章
仲矢　明孝（岡山大学大学院　教授）	7章
村上　直也（岡山県教育庁特別支援教育課　指導主事）	8章
菅原　由美（札幌市立はまなす幼稚園　園長）	9章事例1
奈良　祐志（横須賀市立高坂小学校　教諭）	9章事例2
曽谷　敦子（兵庫県猪名川町立猪名川小学校　教諭）	9章事例3
渡邉　友恵（宮崎大学教育学部附属中学校　教諭）	9章事例4
國富　聖子（岡山市立岡山中央中学校　主幹教諭）	9章事例5
岸信　　健（鳥取県立米子白鳳高等学校　教諭）	9章事例6
冨永由紀子（栃木県鹿沼市立みなみ小学校　教諭）	9章事例7
末吉　哲大（兵庫県加東市立滝野東小学校　教諭）	9章事例8
中村あをゐ（兵庫県川西市立多田中学校　教諭）	9章事例9
森澤　亮介（筑波大学附属大塚特別支援学校　教諭）	9章事例10
鈴木紀理子（千葉県立八千代特別支援学校　教諭）	9章事例11
曽川　孝規（福島県立いわき支援学校くぼた校　分校長）	9章事例12
尾原　周治（兵庫県立阪神昆陽特別支援学校・兵庫県立阪神昆陽高等学校　校長）	9章事例13

シリーズ編集代表

柘植雅義（つげ・まさよし）
筑波大学 教授（人間系 知的・発達・行動障害学分野）

筑波大学より博士（教育学）。専門は、特別支援教育学。国立特殊教育総合研究所研究室長（軽度知的障害教育）、カリフォルニア大学ロサンゼルス校（UCLA）客員研究員、文部科学省特別支援教育調査官（発達障害担当）、兵庫教育大学教授、国立特別支援教育総合研究所上席総括研究員／教育情報部長／発達障害教育情報センター長を経て、現職。内閣府の障害者政策委員会委員、中教審の教育振興基本計画部会委員等を歴任。

共生社会の時代の特別支援教育　第1巻

新しい特別支援教育
インクルーシブ教育の今とこれから

2017年12月25日　第1刷発行
2019年1月20日　第2刷発行

編集代表　**柘植雅義**

編　　著　**石橋由紀子、伊藤由美、吉利宗久**

発　　行　株式会社**ぎょうせい**

〒136-8575　東京都江東区新木場1-18-11
電　話 編集　03-6892-6508
営業　03-6892-6666
フリーコール　0120-953-431
URL：https://gyosei.jp

〈検印省略〉

印刷　ぎょうせいデジタル株式会社
乱丁・落丁本は、送料小社負担にてお取り替えいたします。
©2017　Printed in Japan　禁無断転載・複製
ISBN978-4-324-10407-1（3100538-01-001）［略号：共生特別支援1］